Cómo hacerte rico a ti y a tu familia

Por Orlando Montiel

Aurum
79
Book

Publicado por Aurum Books 79
Una división de Bridger Communications Miami - Florida

Aurum Books 79: Ricardo A. Mejía, Director Ejecutivo

Fotografía: Alexander Luna

Aurum Books 79 Síguenos en instagram @aurumbooks79

Aurum Books 79 respalda los derechos de autor.

Los derechos de autor impulsan la creatividad, fomentan las voces diversas y promueven la libertad de expresión.

El logo de Aurum Books 79 es propiedad de Bridger Communications.

ISBN: 979-8-9871694-8-3

Diseño editorial, Deka Design Estudio.
Portada: Jose Daniel Restrepo
Diseño: David Osorio Valencia

ÍNDICE

AGRADECIMIENTOS .... Pág. **06**

INTRODUCCIÓN .... Pág. **13**

CAPÍTULO 1:
*AUTOEVALUACIÓN E
INFORMACIÓN ÚTIL* .... Pág. **32**

CAPÍTULO 2:
MI VIAJE FINANCIERO .... Pág. **66**

CAPÍTULO 3:
CINCO PRINCIPIOS ESENCIALES .... Pág. **82**

CAPÍTULO 4:
*11 VERDADES SOBRE EL DINERO
QUE CAMBIARÁN TU VIDA* .... Pág. **126**

CAPÍTULO 5:
LAS 4-M DEL DINERO: MENTALIDAD ...... Pág. **200**

CAPÍTULO 6:
*LAS 4-M DEL DINERO: CÓMO
GENERAR MÁS INGRESOS* .... *Pág.* **244**

CAPÍTULO 7:
LAS 4-M DEL DINERO: CÓMO MANEJARLO .... *Pág.* **260**

CAPÍTULO 8:
*LAS 4-M DEL DINERO: CÓMO
MULTIPLICAR LOS INGRESOS* .... *Pág.* **316**

CAPÍTULO 9:
NECESITAR VERSUS QUERER .... *Pág.* **340**

CAPÍTULO 10:
CRÉDITO, LA COMPRA FINANCIADA .... *Pág.* **348**

CAPÍTULO 11:
JUEGOS FINANCIEROS, JUEGOS DEL DINERO ..... *Pág.* **360**

PALABRAS FINALES .... *Pág.* **372**

CONCLUSIONES .... *Pág.* **374**

AGRADECIMIENTOS:

En el camino que he recorrido para dar vida a este libro, he tenido la suerte de encontrarme con muchas personas increíbles, cuyas contribuciones, aliento y apoyo, han sido inestimables. Esta página es un humilde intento para expresar mi más profunda gratitud.

Ante todo, mi profundo agradecimiento a mi familia. A mi esposa Denise, que ha sido una fuente constante de amor, comprensión y paciencia durante esas largas sesiones de escritura y que cree inquebrantablemente en mi visión.

A mis hijos, Landy y Gianna, cuyas preguntas y curiosidad sobre el dinero han sido una fuente continua de inspiración, alegría y material para este libro.

A mi padre, por entregarme en todo momento la fortuna más grande: su tiempo, apoyo y ánimo, sin lo cual el camino para hacer lo que me apasiona, hubiese sido aún más demandante. Gracias, por las "miles" de horas escuchándome, nunca cansados de darme consejos y estar a una llamada de distancia, siempre que lo he necesitado.

Hubiese podido escribir este libro solo, sin embargo no hubiese tenido la profundidad y la increíble calidad, desde el punto de vista familiar, espiritual y mensaje de abundancia, sin los grandes aportes, tiempo y dedicación que mi madre dedicó al proyecto. Toda la parte técnica es mi contribución, pero mi madre le dio un toque mucho más personal y humano. Esto me permitió comunicar de manera más eficiente. Así que estoy agradecido por el tiempo, la dedicación y la pasión que mi madre le dedicó al proyecto. ¡Infinitamente agradecido, mamá! No sabes lo mucho que me aportaste, a mí y al lector.

A mi hermano Daniel, por escucharme pacientemente, por acompañarme como socio en casi todos mis proyectos y por su invaluable contribución diaria, tanto emocional como profesional, en cada una de nuestras empresas.

A mis suegros, Tony y Silvia, cuyo soporte, en los momentos más difíciles, ha sido decisivo para que pudiera continuar enfocado en mi pasión: transformación personal, profesional y financiera, para bienestar mío, de mi familia y de todos a quienes mis mensajes puedan transformar e impulsar a una vida mucho más gratificante y placentera.

A todos mis amigos, que me han proporcionado apoyo moral, risas y un oído atento, especialmente en los momentos en los que me resultaba difícil concentrarme y dedicar tiempo a escribir este libro.

Extiendo mi más profunda gratitud y aprecio a los excepcionales profesionales y líderes de mi equipo C5, con quienes he tenido el honor de trabajar. Su confianza, disposición a seguirme y aceptación de mi estilo de coaching, han sido invaluables.

A todos los oyentes y colaboradores del programa "El Cafecito", cuyas preguntas y temas me han ayudado a dar forma a los contenidos que comparto en estas páginas.

Por último, te doy las gracias, a ti lector. Despertar en ti una nueva visión acerca del compromiso contigo, tu familia y tu entorno, a través de este contenido, darían respuesta al sentido y propósito de este libro. Mi mayor deseo es que aporte una nueva perspectiva sobre el dinero y la creación de riqueza; y, muy importante, que te permita comprender y aprender sobre el por qué, para qué y cómo crear riqueza.

TODO EMPIEZA CON UNA DECISIÓN:

¡PENSAR EN GRANDE!

¿Y si un simple correo a la semana pudiera cambiar tu vida financiera para siempre?

✉ *Suscríbete GRATIS al boletín que ya está ayudando a miles de personas a transformar su economía personal y familiar.*

Cada semana recibirás estrategias prácticas, claras y fáciles de aplicar, como:

Cómo generar más ingresos — incluso si hoy estás comenzando desde cero.

Técnicas de ahorro que sí funcionan, sin sentir que te estás privando de vivir.

Cómo invertir aunque tengas poco dinero, y hacerlo con confianza, no con miedo.

Mejora tu crédito paso a paso, sin complicaciones ni confusiones.

Elimina tus deudas, sin sacrificar tu calidad de vida ni tu tranquilidad mental.

Este boletín no es teoría. Es guía real. Es comunidad. Es tu nuevo comienzo.

Únete ahora escaneando el código o visitando:

riquezaenfamilia.com

Porque **"hacerte rico a ti y a tu familia"** no es un sueño lejano.

Es una decisión diaria con la información correcta

INTRODUCCIÓN

¿Por qué escribí este libro?

Durante años habrás escuchado críticas sobre el sistema educativo. Un modelo que no enseña a pensar sobre el dinero, ni las herramientas para generar más ingresos, manejarlos adecuadamente y multiplicarlos de manera eficiente.

Escribí este libro por todas las angustias, malos momentos y limitaciones que tuve por no contar con la mentalidad y habilidad para generar más, manejar y multiplicar. Por ver el dinero como fuente de angustia y observar a tantos hispanos pasar por lo mismo.

Mi visión es de una cultura hispana próspera, llena de abundancia, porque tenemos las habilidades necesarias para avanzar financieramente y la capacidad para darle el gran valor que tiene, sin obsesionarnos.

A lo largo de mi trayectoria en el mundo de las finanzas personales, he leído libros excepcionales que han moldeado mi comprensión y habilidades financieras. Entre estas obras están: *"El hombre más rico de Babilonia"*, de George S. Clason; la serie *"Padre Rico, Padre Pobre"*, de Robert Kiyosaki; *"La psicología del dinero"*, de Morgan Housel; *"The Total Money Makeover"*, de Dave Ramsey; *"El inversionista inteligente"*, de Benjamin Graham; *"Money Master the Game"*, de Tony Robbins; *"Personal Finance For Dummies"*, de Eric Tyson; *"Think and Grow Rich"*, de Napoleon Hill; *"Secrets Of The Millionaire Mind"*, de T. Harv Eker; *"The Automatic Millionaire"*, de David Bach; *"I Will Teach You To Be Rich"*, de Ramit Sethi; *"One Up On Wall Street"*, de Peter Lynch; y *"The Almanack Of Naval Ravikant"*, de Eric Jorgenson.

Estos libros han abordado temas tan cruciales como el cambio de mentalidad necesario para el éxito financiero y el desarrollo de habilidades esenciales para manejar el dinero. Sin embargo, tras años de estudio y experiencia práctica, he notado que la mayoría omiten cuatro aspectos claves:

La educación financiera en el hogar.

La aplicación práctica de lo aprendido.

El disfrute del proceso mediante juegos adecuados para cada edad.

Cómo generar más dinero.

Mi propósito con este libro es que tu familia y tú aumenten sus conocimientos financieros, adquieran hábitos que contribuyan a la creación de riqueza y a una libertad financiera que perdure durante generaciones, y que el proceso sea tan transformador como divertido.

Este es un libro práctico de ejercicios, ejecución y reflexión. Si realmente quieres mejorar tus finanzas, ser una persona extremadamente próspera, te sugiero hacer mucho más que leer un libro, este es el primer paso. Por eso lo he escrito de una forma práctica con muchos ejercicios para que no solo los hagas tú, sino que lo hagas junto a tu familia el entorno más importante y al que más debes proteger.

Para enriquecer aún más tu experiencia, te sugiero formar un pequeño grupo de familiares e incluso amigos que compartan y practiquen los mismos ejercicios contigo.

Las actitudes y hábitos financieros, al igual muchos otros, suelen formarse en la infancia y están muy influenciados por el entorno familiar. Por esa razón, lo ideal es que la educación financiera centrada en la familia comience lo más pronto posible, introduciendo en la vida cotidiana conceptos claves sobre el dinero.

Una educación financiera adaptada a los distintos grupos de edad de la familia, puede favorecer drásticamente que todos los miembros, desde los más jóvenes hasta los mayores, aprendan a manejar el dinero de manera responsable y reproductiva.

Cuando toda la familia participa en el proceso de educación financiera, se fomenta un entorno ideal para la creación de riqueza. Ahorrar para comprar una casa, financiar la educación, planificar unas vacaciones, montar un negocio o invertir para la jubilación, se convierten en objetivos familiares compartidos. Esto no solo facilitará el logro, sino que también fortalecerá los lazos familiares y promoverá el apoyo mutuo. Es mucho más complicado que logres la libertad financiera si tu familia no está unida en este camino.

En este libro comparto mis experiencias y propongo principios, conceptos, pasos, juegos y ejercicios prácticos que contribuyan a considerar el dinero como lo que realmente es: una herramienta derivada de la propia transformación personal, profesional y familiar.

Recuerda: mientras más creces personal y profesionalmente, más valor aportas a tu familia, a tus clientes y a tu entorno. Y, mientras más valor tienes para ofrecer, generarás más ingresos, los manejarás mejor y los multiplicarás con criterio de eficiencia.

Una invitación muy especial

Es el momento de que tú y tu familia se den la oportunidad de ver el dinero desde una perspectiva de prosperidad y abundancia! Este libro está lleno de ejemplos, ejercicios y herramientas que demostrarán que alcanzar tus metas financieras es posible, sin importar de dónde vengas.

Te animo a abrir tu mente. Lee cada página con la curiosidad de un niño. Y si al final no estás convencido, siempre podrás volver a tu anterior patrón de pensamientos.

Quiero que tú y tu familia aprendan a generar dinero. ¡Sí, millones de dólares! Porque, en la mayoría de los casos, cuanto más dinero ganas, a más personas puedes ayudar. Para ayudar a más, necesitas ganar más; y para ganar más, debes convertirte en una mejor versión de ti mismo.

Jim Rohn decía: "Tú me cuidas a mí y yo te cuido a ti". Pero luego cambió esa frase por: "Yo cuido de mí por ti y tú cuidas de ti por mí". Esto significa que el mejor regalo que puedes dar a tus seres queridos es tu propio crecimiento personal y profesional.

Imagina lo que podrías lograr si te vuelves diez veces más sabio, fuerte, saludable y próspero. Piensa en cómo te impactaría a ti, a tu familia y a tu entorno.

El sacrificio no siempre es la mejor forma de contribuir. En cambio, el desarrollo personal y profesional es una manera poderosa de marcar la diferencia.

A través de este libro aprenderás las cuatro habilidades esenciales para construir una relación de prosperidad con el dinero: cambiar tu mentalidad, generar más ingresos, manejarlos bien y multiplicarlos. Y lo más importante, lo harás en conjunto con tu familia. Porque este recorrido hacia la riqueza y la prosperidad, que es igual a un viaje hacia la transformación personal y profesional, debe ser un esfuerzo familiar que transforme a cada uno de sus miembros.

¡Prepárate para descubrir un nuevo camino hacia la riqueza y la prosperidad!

Me he inspirado en mi propia experiencia, que ha sido muy aleccionadora. Prepararme, alcanzar importantísimos logros financieros y enseñar a otros a crear riqueza, desde una perspectiva de prosperidad y abundancia, es para una misión de vida.

Antes de compartir contigo las claves para crear riqueza desde esa perspectiva de prosperidad y abundancia, te cuento un poquito de mi historia. Cuando llegué a Miami, comencé ganando $1.800 al mes, digamos $ 2.000 dólares. Y me decía: "Si yo ganara el doble, todos mis problemas financieros estarían resueltos". Luego comencé a ganar $4.000, $8.000, $16.000, pero, mientras más ganaba, los problemas seguían siendo los mismos.

Todo ello, con una gran diferencia: las deudas eran mayores, parecían crecer al ritmo de los nuevos ingresos y yo estaba, por supuesto, económicamente cada vez peor. Así comprobé que el reto no era solo generar más ingresos, sino aumentar mis habilidades respecto a lo que posteriormente llamaría las 4-M del dinero.

A partir de ese momento, me propuse estudiar todo lo relacionado con el mundo financiero: la relación entre la mentalidad, cómo generar más, el manejo y la multiplicación del dinero. Ha sido mi misión y visión, no solo en la aplicación de estos principios, sino en compartir lo que sé y cómo hacer posible la creación de riqueza.

Una gran herramienta para toda la familia

Este libro lo dirijo con especial emoción y cariño a las familias del mundo, porque estoy convencido de que cada una, con su crecimiento financiero, puede estrechar lazos y crecer en muchos otros aspectos.

No se trata solo de los ingresos, sino de la persona en la que se va convirtiendo cada miembro de la familia en la construcción de la riqueza y la prosperidad.

Que este libro sea una gran herramienta para la reflexión y crecimiento financiero y personal, que aproveches el conocimiento que te comparto, desarrolles al máximo tus habilidades para crear riqueza desde una perspectiva de prosperidad y abundancia. Una oportunidad que te inspire a actuar en favor tuyo, de tu familia y de tu entorno.

Va dirigido a los padres, tradicionalmente considerados como el principal sostén de la familia.

Las madres, que a menudo gestionan el hogar y sus finanzas. Las parejas que, aun teniendo los mismos valores y metas, tienen situaciones y discusiones muy fuertes sobre cómo abordar las finanzas personales y familiares.

Recordemos que cada miembro de la pareja vivió su propia crianza y, en consecuencia, cada uno tiene su personalidad y visión particular de cómo manejar un tema tan delicado.

Sin embargo, la unión y armonía familiar nos pide que unamos esfuerzos para que el consenso reine en la pareja, muy particularmente cuando de educación de los hijos y finanzas familiares se trata.

Con las herramientas de este libro y las habilidades que desarrollarás a través de los ejercicios aquí explicados, podrás, independientemente de las diferencias en la crianza, desarrollar una estrategia que los ayude a todos.

Va dirigido también a los niños, a quienes desde edad muy temprana se les debe enseñar el valor del dinero, la mentalidad con la que se percibe (carencia o prosperidad y abundancia), qué se requiere para generarlo, cómo debe manejarse y finalmente cómo multiplicarlo.

A los adolescentes, que gracias a la tecnología y a las redes sociales están expuestos a experiencias y cuestiones materiales maravillosas, que sin las habilidades necesarias sería prácticamente imposible obtener. Aquí te damos esas herramientas para asegurar una vida libre de angustias financieras y abrir puertas a las oportunidades.

A jóvenes adultos que necesitan desarrollar las habilidades financieras para comenzar, desde muy temprano, una vida próspera. Y contar con herramientas que den mejores respuestas a los desafíos financieros que le vaya presentando la vida.

En fin, está dirigido a todas aquellas personas, y especialmente a las familias, comprometidas en construir un futuro mejor, para que el dinero sea percibido como una fuente de alegría e inspiración.

Un cambio en tu vida

Este libro está diseñado para ser una herramienta transformadora en tu vida, centrándose en tres principios fundamentales:

La autotransformación, aprender las reglas del dinero e incluir a tu familia en el viaje.

Al aplicar estos tres principios fundamentales, revolucionarás la forma de abordar el crecimiento personal y profesional, el conocimiento financiero y la participación familiar en tu viaje.

"*Si* quieres ganar más, *tienes* que convertirte en *más*"

Jim Rohn.

1. Autotransformación:

El primer principio se centra en la autotransformación. Se trata de convertirte en la persona capaz de ganar los ingresos que deseas. No tenemos los ingresos que queremos; sino los que merecemos. Por duro que suene, cuanto antes reconozcamos y aceptemos esa realidad, más pronto podremos centrarnos en cambiar, para poder convertirnos en más y así generar más ingresos.

La transformación no consiste sólo en adquirir nuevas habilidades o ampliar la base de conocimientos; es un cambio más profundo e intrínseco. Implica desarrollar una mentalidad propicia para el éxito, cultivar la disciplina y la resiliencia necesarias para superar los desafíos y alinear tus valores y acciones con tus objetivos financieros. Este libro te guía a través de este proceso de evolución personal y profesional, asegurando que no solo persigas el dinero, sino que también te conviertas en una persona rica en todas las áreas de la vida.

2. Entender las "reglas" del dinero:

El segundo principio trata de entender las "reglas" del dinero. Contrariamente a la creencia popular, no existen verdaderos secretos para el éxito financiero; solo hay reglas, principios y estrategias que aún no has aprendido.

El dinero es como un juego. Tiene sus normas y no puedes ganar si no las entiendes, las respetas y las aplicas. Este libro desmitifica el complejo mundo de las finanzas, desglosando lo que podrían parecer secretos en conocimientos comprensibles y aplicables. Las reglas no son solo teóricas, son pautas prácticas que han demostrado ser efectivas, una y otra vez. Al dominarlas podrás transitar por el mundo financiero con mayor confianza y competencia.

Veamos los siguientes conceptos necesarios para ganar en el juego del dinero:

Estrategias: cada juego tiene estrategias que, cuando se entienden y aplican eficazmente, mejorarán las posibilidades de ganar. Con el dinero, existen estrategias simples que te ayudarán a generar más ingresos, mejorar la forma cómo lo manejas y cómo lo multiplicas.

Habilidades: el éxito en cualquier juego requiere habilidades. Lo mismo se aplica al dinero.

Riesgo y recompensa: así como los juegos a menudo implican riesgos calculados para lograr un objetivo, manejar y multiplicar el dinero también requieren equilibrar el riesgo y la recompensa potencial.

Práctica: los jugadores, a menudo, mejoran cuanto más juegan. En finanzas, a medida que ganas más conocimiento y experiencia, mayor es la probabilidad de mejorar tu situación financiera.

Compromiso: la participación activa es esencial tanto en los juegos como en las finanzas. A los jugadores pasivos, a menudo no les va tan bien como a aquellos que están comprometidos y atentos.

Objetivo final: así como los juegos presentan un final o un objetivo, la planificación financiera a menudo tiene un objetivo específico o conjunto de objetivos, como la libertad financiera, la compra de una casa, las vacaciones, un automóvil o jubilarse cómodamente.

3. Acercarte a tu familia:

¡Oh! Mi tema favorito y una parte enorme de todo el proceso. ¡Incluir a tu familia en el viaje!

Como dijo **Henry Ford,** *una vez al hablar de negocios:*

"UNIRSE ES EL COMIENZO.

MANTENERSE UNIDOS ES PROGRESO.

TRABAJAR JUNTOS ES ÉXITO".

¿Cuál es el punto para establecer metas financieras y alcanzarlas si no tienes a las personas que más amas apoyándote plenamente y disfrutándolo contigo?

El principio final enfatiza la importancia de involucrar a tu familia en el viaje financiero. La educación y planificación financiera no deberían ser un esfuerzo en solitario.

Es extremadamente difícil tener éxito en el juego del dinero si una persona en el hogar va en dirección diferente. Sin embargo, no solo es mucho más fácil, sino también más divertido —y personalmente gratificante— avanzar juntos hacia una meta financiera común. Para lograr tus objetivos financieros, llegarás más rápido y fácilmente incorporando a tu núcleo familiar en el proceso, esposo/esposa e hijos, de acuerdo con creencia y experiencia.

Involucrar a tu familia en las finanzas personales tiene muchos beneficios, incluyendo:

Compartir las metas y valores familiares: cuando una familia conversa junta sobre las finanzas personales, puede alinearse en objetivos financieros como comprar una casa, planificar unas vacaciones, aumentar su patrimonio neto, dejar un legado, mejorar su árbol genealógico y mucho más.

Transparencia y confianza:

Las conversaciones abiertas sobre finanzas pueden generar confianza dentro de la familia. Ayudan a evitar conflictos que pueden surgir de secretos financieros o malentendidos.

Mejor comunicación:

Los miembros de la familia pueden mejorar su comunicación y tomar decisiones sobre los gastos, de manera más informada, si entienden la situación financiera general.

Vínculo:

Pocas cosas crean una experiencia más cercana que un objetivo común. Planificar las finanzas personales en la familia también puede involucrar al patrimonio y los testamentos. Esto asegura que haya un plan para los activos y que todos los miembros de la familia lo entiendan.

Responsabilidad financiera:

Cuando todos están involucrados, cada miembro de la familia puede ser responsable de su parte en la salud financiera general, fomentando la responsabilidad tanto en niños como en adultos.

Sistema de apoyo:

Los problemas financieros pueden ser una fuente de estrés. Una familia que trabaja junta en las finanzas puede apoyarse mutuamente, desde el punto de vista emocional, y se acompaña en la ejecución de los planes.

Al adoptar estos tres principios fundamentales —transformación personal, aprender los principios del juego del dinero e involucrar a la familia— no solo cambiarás tu situación financiera, sino que también impulsarás tu crecimiento personal y consolidarás la vida familiar. El propósito de este viaje es convertirte en una mejor versión de ti mismo, equipado con el conocimiento y el apoyo para lograr y mantener la prosperidad financiera.

CAPÍTULO

1

Auto-evaluación e información útil.

Para leer este libro, lo primero es abrir la mente, permitirte la exposición a nuevos conceptos y a otra visión acerca de un tema tan interesante, *importante y vital como el dinero.*

Tradicionalmente, el dinero ha sido un tema tabú y muy desprestigiado en muchísimos hogares y grupos sociales; asociado con antivalores y conductas reprochables. Prueba de ello son frases limitantes como "el dinero es la causa de todos los males", "soy pobre pero honesto", "el dinero no compra la felicidad", "el dinero no compra la salud"… La lista puede ser larga e interminable.

Y, por supuesto, el dinero no compra nada de eso, claro que no, porque los valores, la salud, los sentimientos, la solidaridad, la autoestima, la actitud, la responsabilidad o el compromiso no son productos o bienes de intercambio comercial. Esos bienes que tanto dicen que no los compra el dinero, son resultado del intercambio entre nosotros y el entorno, desde el mismo momento en que nacimos. Por esa razón, no todos los pobres son buenos, ni todos los ricos, malos.

Cada cual tiene la libertad de escoger si quiere seguir apegado o no a las creencias aprendidas. Si eres de los que piensa que vale la pena darse la oportunidad de ver el dinero desde una perspectiva diferente, en función de la transformación personal y profesional para tu beneficio, el de tu familia y el de otras personas o instituciones, sigue leyendo y te sorprenderás de lo mucho y bueno que vas a aprender.

Mi propósito es que, después de leer este libro, con su estudio y aprendizajes constantes, puedas decir en algún momento con convicción: "el dinero me ha servido como fuente de bienestar, unión familiar y contribución a otros". Que tu transformación personal y profesional para llegar a esa convicción sirvan de inspiración a muchos.

Una de mis frases favoritas es:

"No *es la* búsqueda de la felicidad, *es la* felicidad en la búsqueda".

Cómo leer *este libro*

Primera lectura: empieza por leer todo el libro sin perderte en los detalles. La lectura inicial tiene como objetivo proporcionar una visión general de los conceptos claves presentados. En este caso, se trata de los cinco pasos claves.

1   Entender que, para ganar más, necesitas convertirte en más.

2   Conocer y aplicar las 4-M del dinero: mentalidad, más ingresos, manejar y multiplicar

3   Los 11 conceptos sobre el dinero que cambiarán tu vida.

4   Las 10 creencias limitantes que podrían estar impidiéndote ganar más dinero.

5   La importancia de involucrar a tu familia en el proceso de dominar el tema del dinero.

Seguir los cinco pasos, en este mismo orden, te permitirá tener una base para una mayor y mejor comprensión del contenido y para su correcta aplicación.

Segunda lectura: Te permitirá obtener más claridad acerca del propósito del libro; una mejor comprensión de los conceptos financieros, principios del dinero y de los ejercicios.

Durante esta fase te animo a dedicar tiempo a cada sección y reflexionar sobre cómo la información presentada se alinea con tu situación financiera personal y familiar. Esto implica comprender cada concepto, hacerte preguntas, realizar los ejercicios al final de cada capítulo y tomar notas o resaltar los puntos claves que te resulten especialmente relevantes o desafiantes. El objetivo es fijar, hacer tuyos esos conocimientos, para que pasen a formar parte de tu pensamiento financiero y del proceso de toma de decisiones.

La segunda lectura no consiste solo en comprender, sino también en aplicar. Esto significa tomar las teorías, principios y conceptos del libro y aplicarlos a situaciones de la vida real. Por ejemplo, si una de las M se refiere a "manejar", esto implica crear un presupuesto y ajustar tus hábitos de consumo. La aplicación de los conceptos es un paso crucial para llevar la teoría a la práctica y conseguir mejoras tangibles en tu vida financiera.

También es una oportunidad para implicar a los miembros de la familia en debates sobre lo aprendido. Por ejemplo, analizar el aspecto "mentalidad" podría dar lugar a conversaciones sobre cómo cada miembro ve el dinero y las decisiones financieras. Y cómo esa visión pudiera afectar el bienestar financiero de la familia.

Sugerencias *para la lectura:*

Mantén el libro siempre a la vista y a tu alcance: lo ideal es tenerlo junto a la mesita de noche, para repasarlo frecuentemente. ¿Te parece exagerado? Bueno, ¿cuánto deseas ser financieramente libre? ¿Hasta qué punto es importante para ti y para tu familia?

Piensa cuánta satisfacción y alegría sentirías teniendo libertad financiera para escoger libremente dónde ir, enviar a tus hijos a los mejores colegios y universidades, viajar en condiciones de mayor comodidad, asistir a esos importantes eventos musicales, culturales y deportivos que tanto te gustan; crear experiencias hermosas con la familia o contribuir con otros y apoyar instituciones que prestan ayuda a tanta gente.

El objetivo es el dominio *(maestría del tema):*

Cuanto más domines el tema del dinero, desde una perspectiva de abundancia y prosperidad, más disfrutarás de la vida. La satisfacción, alegría y bienestar que produce tener control sobre el dinero, no radica solo en la riqueza material, sino en la libertad y la seguridad que te proporciona.

La libertad financiera te permite dedicarte a lo que te apasiona, trabajar en un proyecto profesional que te inspire y motive, viajar, disfrutar de tus hobbies o realizar actividades filantrópicas. También te proporciona medios para apoyar a tus seres queridos. El dominio del dinero te permite disfrutar de los placeres de la vida, sin la carga constante del estrés financiero.

Por lo tanto, invertir tiempo y esfuerzo en dominar este tema tan importante, no es solo una decisión económica, sino una elección para mejorar tu experiencia de vida, en general. Ese control o dominio sobre el dinero empieza por estudiar y comprender cómo se puede crear riqueza, saber qué habilidades debo desarrollar y tener claro el "para qué" del dinero.

Comparte lo aprendido *con tu familia:*

Te invito a que inicies debates sobre cada una de las 4-M del dinero y que hagas partícipe a cada miembro de tu familia. Al crecer juntos de esta manera, todos pueden alcanzar la solidez financiera y construir un legado duradero que beneficiará a las generaciones venideras. Elige un tema, frase, capítulo, juego o ejercicio de este libro y desarrolla el hábito de compartirlo con tu familia.

Sigue desarrollando tus habilidades:

Dominar el arte de desarrollar una mentalidad adecuada hacia el dinero, aprender a ganar más, manejarlo eficazmente y multiplicarlo, es un viaje que dura toda la vida. Es una transformación infinita, como el tema de la salud y la familia. Siempre queremos y podemos mejorar nuestro cuerpo físico y mental. Y, por supuesto, queremos mejorar nuestra relación con la familia. Dominar el dinero es como hacer ejercicios. Hay que ser constante. Ama el proceso de aprender sobre tus finanzas. Cuanto mejor lo hagas, más lo disfrutarás.

Sé que el tema del dinero suele crear incomodidad o desinterés en muchas personas, por falta de conocimientos al respecto y sobre todo al principio. Esta aversión a los temas financieros es muy frecuente, ya que la mayoría tiende a rechazar las áreas en las que se siente desinformada o inexperta. Sin embargo, al igual que ocurre con cualquier otra habilidad o área de conocimiento, cuanto más domines el tema del dinero, más atractivo y ameno te resultará. Ten paciencia.

Al igual que aprender un nuevo idioma o dominar un instrumento musical, desarrollar conocimientos y habilidades financieras requiere tiempo, esfuerzo, constancia y paciencia. Al principio, los conceptos de la mentalidad de la prosperidad, generar más, manejar y multiplicar, pueden parecer extremadamente aburridos o tediosos.

Sin embargo, a medida que estudies y comprendas los principios explicados en este libro, prometo que tu confianza aumentará y el dinero pasará de ser una fuente de ansiedad a convertirse en un área de interés, crecimiento y transformación.

Mientras más desarrolles las habilidades necesarias, más disfrutarás del proceso de generar más, manejarlo mejor y multiplicarlo. La experiencia de logro, manejo y control de tus finanzas, que obtienes con el éxito económico, se convertirá en una poderosa motivación para seguir mejorando cada vez más.

Para desarrollar interés y pasión por el dinero, te invito a ver este libro como un regalo generacional, que inicias tú y disfrutarán y construirán tus seres queridos. Expande la visión a una mejor experiencia de vida, no solo para ti, sino también para hijos y nietos. Te animo a verte en 10-15-30 años disfrutando de prosperidad y del orgullo de construir algo importante para la familia.

Como dijo el famoso actor y experto en artes marciales **Bruce Lee:**

"No temo al hombre que ha practicado diez mil patadas una vez, sino al que ha practicado una patada diez mil veces".

Autoanálisis

1. Califícate en una escala del 1 al 10:

¿Qué tan involucrada está tu familia en las finanzas del hogar en los siguientes aspectos?

• Presupuesto

OOOOOOOOOO

• Inversiones

OOOOOOOOOO

• Manejo *de deudas*

OOOOOOOOOO

• Metas *a corto plazo*

OOOOOOOOOO

• Ahorros

OOOOOOOOOO

• Metas *a largo plazo*

OOOOOOOOOO

A medida que avancemos en este maravilloso viaje, quiero que te vayas calificando. Lo siguiente es el conocimiento básico y la toma de decisiones financieras que toda persona tendrá que hacer en algún momento de su vida.

2.

Califícate en una escala del 1 al 10 *(siendo 10 un experto en el tema y 1 un completo novato).*

- Formas de
  ganar dinero

  ○○○○○○○○○○

- Fuentes de
  ingresos

  ○○○○○○○○○○

- ¿Qué porcentaje de tus ingresos es pasivo, teniendo en cuenta que es el que se sigue generando una vez hecho el trabajo inicial? *Por ejemplo, comprar una propiedad y alquilarla, o poner el dinero en un certificado de depósito del banco y obtener intereses sin hacer ningún tipo de trabajo extra.*

  ○○○○○○○○○○

- ¿Qué porcentaje de tu presupuesto *está cubierto por ingresos pasivos?*

  ○○○○○○○○○○

- ¿Qué tanto *sigues un presupuesto?*

  ○○○○○○○○○○

- *¿Qué tan bueno eres para* no endeudarte como consumidor?

  ○○○○○○○○○

- Análisis de compra o arrendamiento de automóvil *(entender el impacto de comprar en efectivo, financiar o arrendar un vehículo)*

  ○○○○○○○○○

- *Comprensión de diferentes* tipos de hipotecas

  ○○○○○○○○○

- Manejo de *tarjetas de crédito*

  ○○○○○○○○○

- Planificación *para tu retiro*

  ○○○○○○○○○

- Múltiples fuentes de ingresos, *en lugar de depender de una sola entrada*

  ○○○○○○○○○

- Invertir dinero *adecuadamente*

  ○○○○○○○○○

El objetivo es que te califiques cada trimestre para medir el progreso. Al final del libro, tendrás como tarea volverte a evaluar en cada una de las categorías. Y hacerlo en cada nueva lectura, porque el objetivo es instalar nuevos hábitos y desarrollar otras habilidades para cambiar los patrones y creencias que te alejaron del dinero, la prosperidad y la abundancia.

"Tu ingreso es el promedio de ingreso de las 5 *personas con las que pasas mas tiempo*"

Jim Rohn

La frase anterior ilustra perfectamente la profunda influencia de nuestro entorno, de nuestro círculo de familiares más cercanos, amistades, compañeros de estudio, compañeros de trabajo, vecinos, etcétera.

Sí, la influencia de ese mundo exterior es demasiado importante como para no prestarle la debida atención. ¿Por qué? Porque desde allí se van formando las creencias, la mentalidad, bien sea de escasez o abundancia y prosperidad, a partir de la cual se toman, de manera consciente o inconsciente, todas las otras decisiones.

Piensa en las veces que has hecho dieta y cuáles han sido las más efectivas. Generalmente, si has logrado perder peso con una dieta, es porque te has enfocado en el objetivo y tenías personas cercanas que te apoyaban o estaban en el mismo plan. Lo mismo ocurre con el ejercicio. Si tus amigos lo hacen o comienzan, es probable que también lo hagas. Si tus amigos beben alcohol, lo más probable es que también acabes bebiendo.

El entorno es tan importante que influye en la forma en que te vistes, lo que lees, las películas o series que ves, y hasta el idioma que hablas y acento que tienes. No es diferente con las finanzas. Si estás con personas que gastan mucho, acabarás gastando mucho.

Si, por el contrario, tu círculo de amigos, familiares, compañeros de estudio o trabajo, son conscientes del dinero, les atrae el tema de las finanzas personales y les interesa aprender, lo más seguro es que en ti también se despierte el interés.

Nuestro entorno influye en nuestras perspectivas y hábitos, quizá más que cualquier otro factor.

Aún más importante, nuestras conversaciones con amigos sobre salarios, inversiones, hábitos de gastos, las cosas materiales que valoramos y estrategias financieras, tendrán un impacto tremendo en nuestra vida, a corto y largo plazo.

Razones sobran para que seamos muy selectivos cuando se trata de nuestro círculo social. Rodearnos de amigos financieramente responsables y conocedores, conducirá a hábitos financieros más saludables. También es beneficioso participar con tus amigos en debates abiertos sobre finanzas, fomentar un ambiente donde se estimule el aprendizaje y el apoyo.

Pregúntate:

¿Tengo conversaciones con mis amigos sobre finanzas personales?

Sí____　　　No____

¿De qué temas relacionados con el dinero hablamos entre los amigos?

_____

_____

_____

_____

_____

¿Qué tipo de conversaciones relacionadas con el dinero me gustaría tener con mis amigos?

_____

_____

_____

_____

¿Necesito alejarme de ciertos amigos?

Sí____　　　No____

¿Quiénes son esos amigos de quienes necesito distanciarme y por qué?

_____

_____

_____

_____

_____

¿A qué personas necesito acercarme más?

_____

_____

_____

_____

_____

¿Hay alguna persona con éxito financiero y de probada reputación con quién quisieras conversar?

_____

_____

_____

_____

_____

Las 3-F del éxito

En mi experiencia, hay tres pilares que sostienen la sensación de alegría y satisfacción por los logros alcanzados. En mi caso, se debe al conocimiento especializado, desarrollo de nuevas habilidades y a mi inquebrantable sentido de compromiso. Para mí, eso es el éxito. Son las 3-F del éxito: finanzas, físico y familia.

Estoy absolutamente seguro de que también es posible para ti, si así lo decides. Preparación, desarrollo de nuevas habilidades y compromiso es la clave para que finanzas, cuerpo físico y mental y relación familiar estén sintonizados. Tal sintonía es lo que te brindará alegría y satisfacción por toda esa prosperidad, abundancia y bienestar que vas alcanzando.

Antes de seguir avanzando, te explico qué significa cada una de las F del éxito.

*F*inanzas:

Es la capacidad para generar más ingresos a través del desarrollo de nuevas habilidades. Las habilidades son el resultado del conocimiento especializado, la práctica constante y el compromiso en acción. Finanzas saludables son grandes oportunidades para crearnos valor, a través de la preparación, y aportar valor a la familia y a otras personas.

*F*ísico:

Se refiere a la capacidad de adquirir y mantener nuevos y saludables hábitos que te beneficien, física y mentalmente.

*F*amilia:

Se refiere a la capacidad para dedicar tiempo de calidad a la familia, creando recuerdos y experiencias compartidas. Crear ambientes de comunicación honesta y abierta, donde el tema del dinero se convierta en natural y necesario. Fomentar un ambiente de apoyo dentro de la familia. Celebrar los logros de cada miembro y ofrecer ayuda en tiempos difíciles.

Las finanzas, el físico y la familia, de forma interrelacionada, contribuyen al éxito integral, te permiten alcanzar metas financieras para aumentar más tu valor, y aportar más a la familia y a los otros.

El verdadero éxito incluye el desarrollo de estos tres pilares. Uno de los mensajes principales de este libro es que un pilar no obstaculiza al otro. Por el contrario, cada pilar, con la estrategia correcta, debe complementar a los otros.

El precio de la educación

En este apartado sobre autoevaluación, lo siguiente sería analizar el papel de la formación en la creación de riqueza. ¿Crees que la educación es cara? ¿Cuánto te costará no ir a la universidad? Te cuento mi experiencia y veamos una serie de preguntas al respecto.

Me sorprenden mucho las publicaciones en redes sociales donde las personas se quejan del costo de la educación. Según dicen, no vale la pena "el gasto" y es mejor usar ese dinero para ir a Europa o invertirlo en un negocio. ¡Qué idea tan descabellada!

Las personas con mentalidad de escasez y carencia no ven el valor de la educación, porque los beneficios no se obtienen en el corto plazo. La recompensa no es inmediata, y por esa razón lo ven como un gasto.

Por el contrario, las personas con mentalidad de prosperidad y abundancia, ven en la educación (dentro y fuera de la universidad) la mejor de las inversiones. Saben que por esa vía se adquieren los conocimientos y habilidades que se requieren para crear independencia, riqueza y calidad de vida.

Es innegable que la educación, particularmente la superior, tiene un costo considerable. Y esa responsabilidad financiera puede ser abrumadora, llevar a muchos a cuestionar sus beneficios y optar por alternativas de gratificación más inmediata. Lamentablemente, las consecuencias de tales decisiones no se ven en el corto plazo, sino cuando ha pasado el tiempo y no se pueden aprovechar grandes oportunidades por falta de conocimientos y habilidades.

En mi experiencia, después de haber entrenado a miles de personas, puedo decir que el verdadero valor de la educación no solo reside en el conocimiento técnico o teórico adquirido, sino también en el desarrollo personal. Al adquirir nuevos conocimientos y haber desarrollado nuevas habilidades, consigues mayor valor para ti y para quienes reciben tus servicios profesionales. Esto incide directamente en tu autoconcepto y confianza personal.

A lo largo de mis 25 años de experiencia profesional, he encontrado a numerosas personas que se arrepintieron de no haber seguido una educación formal.

La razón principal de su arrepentimiento no era necesariamente la falta de conocimientos técnicos; sino algo más profundo, intangible, que no se ve pero es crucial: la falta de confianza en sí mismos y la sensación de inseguridad que sentían en entornos profesionales, ya fuese en reuniones de negocios o entrevistas de trabajo.

Nunca he escuchado decir "ojalá no hubiera ido a la escuela", pero sí lo contrario. La educación es un camino hacia el empoderamiento, equipa a las personas con herramientas para tener éxito en sus carreras o negocios y afrontar los desafíos de la vida. Aunque es posible alcanzar el éxito sin educación formal, el camino suele ser más difícil y largo.

Ahora, hazte esta pregunta:

¿Cuál es el costo de ir o no ir a la universidad?

"**Si** *crees que la* **educación** *es cara,* *prueba la* *ignorancia*"

Jeff Rich

Todo tiene un costo, tanto la educación como la ignorancia, ¿Cuál crees que es más cara?

En este mundo tan competitivo, permanecer desinformado o sin habilidades, siempre resultará mucho más costoso que la inversión inicial en educación.

¿Cuándo fue la última vez que leíste sobre finanzas personales? _____.

¿Cuántos libros sobre dinero has leído? _____.

¿Cuántos cursos has tomado sobre el tema del dinero? _____.

Espero que este libro sea solo el comienzo de un gran camino hacia tu conocimiento y experiencias acerca de la prosperidad y abundancia.

Piensa en las posibilidades, si tus habilidades, ingresos, ahorros e inversiones fuesen diez veces mayor a lo que tienes hoy.

¡Detente! Tómate cinco minutos para reflexionar sobre cómo el crecimiento podría enriquecer tu vida y la de tu familia. Imagina los increíbles cambios positivos en la dinámica de tu hogar, las oportunidades que podrías brindar a tus hijos: mejores escuelas, tutores y exposición a culturas globales. Tener el privilegio de dar a tu cónyuge sus vacaciones soñadas.

Piensa en la oportunidades de brindar a tu familias oportunidades para crear experiencias de unión, celebraciones, conociendo un mundo diferente, próspero y abundante. Tener la capacidad de pagar la hipoteca de tus padres o llevarlos a una ciudad o país con el que han soñado desde que eran niños. Impactar con tu ayuda a otros.

Ahora, haz el siguiente ejercicio. Quiero que pienses en las posibilidades y hagas una lista de cómo cambiaría la dinámica, actitud y energía en tu casa si tuvieras mayores medios financieros:

_____

_____

_____

_____

_____

_____

_____

_____

_____

_____

_____

_____

_____

_____

_____

_____

_____

_____

_____

_____

_____

Haz una lista de las cosas que deseas profundamente y ves inalcanzables. Hazlo desde una mentalidad de prosperidad y abundancia. *Porque, si tienes claro qué quieres, por qué y para qué y estás dispuesto a convertirte en una mejor persona y en un mejor profesional, entonces es posible.* Te aseguro que solo el proceso de transformarte en la persona que necesitas ser para lograr lo que quieres, ya es una mega ganancia.

Y, parafraseando lo que dice mi querido amigo y colega Tomás Hoffman, en nuestros episodios de *El Cafecito Inmobiliario:*

"No dejes que tú, ni nadie, te robe *tus sueños*"

Si el dinero no fuese un impedimento, qué respuestas darías a las siguientes preguntas:

¿Tendrías un asistente personal, un chofer o un chef?

Sí _____ No _____

¿Qué coaches o mentores contratarías?

_____

_____

_____

_____

¿A que cursos acudirías?

_____

_____

_____

_____

¿Dónde irías de vacaciones?

_____

_____

_____

_____

¿Dónde comerías? ¿Cambiarían la comida y los restaurantes?

_____

_____

_____

_____

¿Qué entrenadores personales, de fitness y profesionales contratarías?

_____

_____

_____

_____

¿Te tomé de sorpresa con estas preguntas? La mayoría de las personas nunca se han hecho estas preguntas claves para su desarrollo, tanto profesional como personal.

Quiero finalizar esta parte con la siguiente frase:

"La creencia es más importante que el conocimiento".

¿Crees que mereces y puedes lograr todo esto si desarrollas las habilidades adecuadas? Espero que la respuesta sea sí, porque puedes, todos pueden. **Es por eso que el siguiente capítulo es tan crucial.**

CAPÍTULO
2

MI VIAJE

FINANCIERO

Mi camino hacia el éxito financiero ha sido largo y desafiante, lleno de importantes dificultades económicas. *Ha sido un proceso marcado por muchos errores y por las lecciones aprendidas.*

Un camino donde me encontré significativamente endeudado. Mis dificultades económicas, producto de mi desconocimiento y del manejo inadecuado del dinero, llegaron a un punto tan difícil como doloroso. Me vi no solo en la necesidad de empeñar mi reloj para pagar la renta, sino que lo más penoso, angustioso y difícil fue pedir ayuda financiera a mis suegros (Tony y Silvia, gracias infinitas desde lo más profundo de mi corazón).

Tampoco tengo palabras para agradecer al tío Pepe y a la tía Nena por su invaluable apoyo financiero y emocional en esos primeros años de mi llegada a este país de grandes oportunidades, pero que exige grandes compromisos de tiempo, estudio y dinero.

En ese camino largo y desafiante, además de encontrarme con personas que me ayudaron a impulsarme y han dejado una huella en mí que jamás se podrá borrar, debo reconocer que dos actitudes claves me auxiliaron para afrontar situaciones financieras desafiantes: una disposición a hacer cualquier trabajo legal y moralmente correcto para generar ingresos y una determinación para generar los fondos necesarios para pagar a quienes pudieran enseñarme a cómo aumentar más y mejores ingresos.

Lo que intento decir es que, probablemente, he experimentado desafíos financieros similares a los que puedas estar enfrentando en estos momentos y, a pesar de ello, he alcanzado metas financieras a las que también puedes llegar. Es decir, que sí es posible lograr las metas que te propongas: "Si yo pude, tú también".

Te comento que, después de tantos tropiezos y caídas y gracias a mi determinación de prepararme, desarrollar nuevas habilidades, y aplicarlas con disciplina y compromiso, he logrado dar un giro de 180 grados. No solo a mi mundo financiero, personal y familiar, sino que también puedo contribuir con otros. Hoy estoy felizmente casado y tengo dos hijos, a quienes les dedico el tiempo para compartir y brindarles una buena educación.

Soy fundador de The Montiel Organization, una empresa próspera dedicada a entrenar a emprendedores en la generación de riqueza, para ellos y sus familias, y que su entorno también se beneficie con los aportes.

Soy cofundador de C5 Global, otra gran empresa con la misión, hoy día, de ayudar a más de 3.000 emprendedores a construir sus negocios, crear un legado, inspirar y motivar a sus familias y comunidades a crear prosperidad y abundancia.

Abundancia y prosperidad que va más allá de los ingresos, porque en C5 Global y en todos mis otros emprendimientos, el dinero se concibe como el resultado de la transformación que los emprendedores logran en el proceso y el beneficio que brindan a sus familias y comunidades.

Siento el orgullo de haberme transformado también en ese multimillonario a nivel personal, profesional y familiar, porque las ganancias en estas áreas son espiritual y financieramente invaluables.

Mi filosofía sobre el dinero

Mi visión y filosofía sobre el dinero, cómo generarlo, manejarlo y enseñar a crear riqueza y prosperidad, se aleja de la concepción de la asesoría financiera tradicional, donde el ahorro y las restricciones eran la base de todo.

Dirijo mi enfoque hacia el desarrollo de habilidades personales y profesionales y hacia la expansión, y no hacia las restricciones como vía para generar riqueza. Creo, aunque parezca utópico, en un mundo donde seamos muchos más las personas con prosperidad y abundancia, y muchísimos menos las que viven dentro de la escasez, la carencia y las restricciones severas.

Para lograr abundancia y prosperidad necesitas expandir tu mente y sustituir los pensamientos limitantes que satanizan el dinero, por otros que te acerquen a una nueva perspectiva. Esto es, que te permita verlo como una herramienta muy útil para tu calidad de vida y tu capacidad para contribuir con el entorno, que sea uno de los resultados de tu propia transformación personal y profesional.

El desafío es aprender a ser cada vez más productivo y cada vez menos restrictivo con tus recursos financieros. Para ello, es fundamental desarrollar habilidades profesionales y de negocios.

Si quieres superar dificultades financieras, eliminar deudas y ahorrar mayores sumas de dinero, el camino más rápido y fácil es aumentar los ingresos, no simplemente recortar gastos.

El verdadero empoderamiento financiero proviene de equilibrar el disfrute de la vida con la planificación y construcción de un futuro mucho mejor. Nunca con la imposición de restricciones. Hay momentos en los que hay que actuar. Los problemas económicos se solucionan generando más dinero, no restringiendo.

No veo al dinero como un recurso para simplemente ser acumulado, sino como una herramienta maravillosa para crear experiencias, ayudar, empoderar y motivar a los demás. ¿Qué quiero decir con experiencias? Se trata de memorias, bellos recuerdos que construyes hoy para ti, la familia y el entorno social y profesional. Mucho de todo esto se hace posible cuando las finanzas están sólidas.

Las personas centradas en la austeridad ven el futuro con miedo, se preparan solo para las emergencias.

Te propongo el siguiente ejercicio. Debes escribir o elegir tu respuesta en los espacios en blanco:

1   ¿Queremos maximizar nuestros ingresos o nuestras _____?

2   ¿Estás invirtiendo lo suficiente en experiencias?

Sí _____ No _____

3 ¿Qué experiencia deseas tener en los próximos seis meses?

_____

_____

_____

_____

_____

4 ¿A cuántas personas quieres conocer?

_____

5 ¿Identifica las personas que quieres conocer y por qué?

_____

_____

_____

_____

Tu habilidad para convertir el dinero en experiencias se reduce con el tiempo. No es solo la experiencia, sino cuándo sucede. Estoy buscando intencionalmente nuevas y mejores experiencias.

Este libro representa una nueva forma de pensar sobre las finanzas personales. Va más allá de las doctrinas tradicionales de ahorro extremo y evitación de deuda. Esta nueva perspectiva te presenta al dinero como una herramienta para el crecimiento y el empoderamiento. Es un recurso para vivir una vida financieramente floreciente, donde la calidad de vida, las comodidades, las celebraciones, las alegrías y la paz son muy bienvenidos.

¿Quién nos enseña a *multiplicar el dinero?*

La escuela nos prepara para la universidad, y la universidad para conseguir un trabajo. Pero, ¿quién nos prepara para generar dinero, manejarlo mejor y, lo más importante, multiplicarlo? No es de extrañar que haya tantos profesionales con problemas financieros, que se traducen en problemas personales, de relación y salud.

Se requiere que los padres asistan a reuniones en la escuela y lleven a sus hijos a deportes, teatro y muchas otras actividades extracurriculares muy importantes para el desarrollo del estudiante. Sin embargo, ¿dónde dejamos la tan necesaria educación financiera que todo joven necesitará, independientemente de su edad, género, raza, religión o historia?

Tarde o temprano, todos tendremos que tomar decisiones sobre asuntos financieros. Nadie escapa de esta realidad. ¿Por qué no formarnos en la escuela y en la universidad, antes de aprender de los errores? Así evitaríamos el costo económico, el estrés y los problemas familiares que traen los asuntos de dinero.

Desafortunadamente, debido a la falta de educación financiera, hemos desarrollado una mentalidad de escasez. Copiamos el comportamiento de aquellos más cercanos a nosotros, que muy probablemente no son los más prósperos. ¿Por qué? Porque no tenemos referentes con mentalidad de prosperidad y abundancia, o los que tenemos no son el ejemplo que queremos seguir.

El dinero es como un juego, y cada juego tiene reglas. El problema es que la mayoría de las personas están jugando sin conocer las normas. Las personas prósperas siguen siéndolo más, y la clase media y los pobres, empeoran. No porque los prósperos sean más inteligentes, sino porque entienden las reglas del juego, lo que yo llamo las 4-M: mentalidad, cómo generar más ingresos, manejarlo mejor y multiplicarlo eficientemente.

Piensa en tu relación desde niño con el dinero y en la mentalidad que has venido arrastrando hasta ahora. **Luego, enumera tres pensamientos limitantes que aún tienes sobre el dinero:**

1. _____

_____

2. _____

_____

3. _____

_____

Enumera tres ideas sobre cómo podrías generar más ingresos, de acuerdo con las habilidades que tienes:

1. _____

_____

_____

2. _____

_____

_____

3. _____

_____

_____

Enumera tres ideas sobre cómo manejarías tus ingresos, en tu propósito de generar riqueza y prosperidad para ti y tu familia:

1. _____
_____
_____

2. _____
_____
_____

3. _____
_____
_____

Enumera tres ideas sobre cómo multiplicarías tus ingresos en el propósito de generar riqueza y prosperidad para ti y tu familia.

1. _____
_____
_____

2. _____
_____
_____

3. _____
_____
_____

Enumera las cinco cosas que hubieras hecho de manera diferente, con respecto al mal uso de tu dinero en gastos imprudentes. *Por ejemplo, contraer deudas con tarjetas de crédito, prendas de lujo adquiridas a crédito o en el momento incorrecto, rentar un automóvil costoso sin tener los medios financieros.*

1. _____
_____
_____

2. _____
_____
_____

3. _____

_____

_____

4. _____

_____

_____

5. _____

_____

_____

Enumera las cinco cosas que hubieras hecho de manera diferente, con respecto a experiencias que pudiste haber vivido, restricciones y experiencias que no viviste en su momento. *Por ejemplo, un viaje de tres días, ver la nieve por primera vez, visitar en un corto viaje una ciudad que siempre habías soñado conocer, vivir ciertas experiencias, disfrutar un poco más con tu familia y amigos.*

1. _____

_____

_____

2. _____

_____

_____

3. _____

_____

_____

4. _____

_____

_____

5. _____

_____

_____

¿Qué tendrías ahora si hubieras evitado los errores anteriores?

_____

_____

_____

_____

_____

_____

_____

_____

_____

_____

_____

¿Cómo crees que sería tu situación financiera hoy?

_____

_____

_____

_____

_____

_____

_____

_____

_____

_____

_____

_____

_____

_____

_____

CAPÍTULO 3

CINCO
PRINCIPIOS
ESENCIALES

Este libro se sustenta en los siguientes *cinco principios:*

1. Desarrollo *de habilidades:*

Desarrollar las habilidades necesarias para un cambio de mentalidad, generar más ingresos, manejarlos adecuadamente y multiplicarlos eficientemente.

2. Integración *de la familia:*

Involucrar a todos los miembros de la familia para que participen activamente en las conversaciones y decisiones financieras familiares.

3. El dinero como *fuente de alegría:*

Hacer del dinero una fuente de crecimiento personal y profesional, de unión familiar, contribución y diversión.

4. Enfoque en generar *más ingresos:*

Enfocarse en generar más ingresos para la creación de riqueza.

5. Contribución *a los demás:*

Una visión contributiva del dinero. Comprender que, mientras más ingresos generas, más puedes ayudar a los demás.

Nº 1

Principio esencial:

Desarrollo
de habilidades

¿Qué quiero decir con "desarrollo de habilidades"? Cualquiera sea la industria a la que te dediques, la actividad que desees realizar o tus aspiraciones, es imprescindible desarrollar las habilidades necesarias para agregar cada vez más valor a tus clientes.

Las habilidades son llaves que abren "las puertas mágicas de las oportunidades e ingresos mayores". Y, mientras mejores oportunidades te propongas, nuevas y mayores habilidades deberás desarrollar.

Por ejemplo, si tu propósito es prestar servicios profesionales en una determinada empresa, para un determinado puesto, necesitas preguntarte: ¿Cuáles son las habilidades que ese cargo exige y si las tienes?

Profesionalmente hablando, solo tus habilidades te ubicarán en posición de ascender, porque hablarán del valor que puedes aportar a ese negocio o empresa.

Igualmente, si eres un emprendedor, un profesional independiente o un empresario, necesitas desarrollar tres habilidades claves que se requieren para alcanzar objetivos y metas y generar mayores ingresos. Y esas son:

Conocimiento *especializado*

Capacidad para convertir los prospectos en clientes finales

Generación de nuevos y *más prospectos*

Conviértete en la persona que gana un millón de dólares a través del desarrollo de nuevas habilidades. Como dijo el legendario Jim Rohm: "Esfuérzate por ganar un millón de dólares, no por el dinero que obtendrás, sino por la persona en la que te convertirás en el camino". Al buscar activamente la riqueza, automáticamente estás desarrollando habilidades valiosas que sirven a otros.

Recuerda este principio: "no puedes ganar dinero sin primero hacer ganar a otros, y no puedes hacer ganar a otros sin tener las habilidades". Aumentar tus ingresos está intrínsecamente ligado a proporcionar un mayor valor a los que te rodean. En pocas palabras, para ganar más, tienes que convertirte en más y ayudar más.

Generalmente, el enfoque está puesto en el resultado, en ganar el millón; sin embargo, lo más importante es enfocarse en las habilidades que debes desarrollar, para convertirte en la persona capaz de ganar el millón de dólares.

Un millón de dólares es solo una cifra que utilizamos como referencia para que te vayas acostumbrando a escuchar cantidades poco comunes en la mayoría de los entornos. Nos "programaron" desde la carencia, desde los miedos y desde las asociaciones que envilecen al dinero.

Quiero que te esfuerces por llegar al millón de dólares. Tú me dirás: "Bueno, no necesito un millón de dólares". Insisto, no se trata del millón de dólares, sino de la persona en la que te convertirás durante el proceso de desarrollar las nuevas habilidades para ganar uno, dos o tres millones, dependiendo de dónde estés.

Tampoco se trata de trabajar más, sino de trabajar diferente y desarrollar las habilidades correctas; rodearse de personas que, desde la prosperidad y la abundancia, estimulen el desarrollo de nuevas habilidades y la preparación para transformarnos cada día en mejores personas, profesionales y empresarios.

La diferencia, *en las habilidades*

Pongamos como ejemplo un agente inmobiliario, que gana un millón de dólares, en comparación con el que gana $100.000. El primero no trabaja 10 veces más que el segundo.

La mayoría de agentes inmobiliarios que ganan $100.000 trabajan 40 horas a la semana. Sería imposible que el agente del millón labore 400 horas a la semana. La diferencia está en las habilidades y actividades en las que se enfoca.

Sí, para ganar ese primer millón de dólares se requiere un cambio de mentalidad, preparación y desarrollo de las tres habilidades específicas mencionadas anteriormente: conocimiento especializado de tu mercado, generación de más y mejores prospectos para tu producto o servicio y capacidad de convertir esos prospectos en clientes finales.

Todo lo anterior forma parte del proceso de transformación, sin el cual será muy difícil lograr esa cantidad o cualquier meta en cualquier otra área de tu vida que implique grandeza.

Y la meta es seguir ganando, más y más. Te preguntarás: ¿por qué y para qué? Porque una de las metas es el ingreso, sin embargo, la gran meta es la transformación.

El objetivo es la transformación. Una vez que llegues al millón, el objetivo es seguir transformándote. Luego, por los dos millones, por los cuatro y así sucesivamente. La transformación es infinita. Ten muy presente que el objetivo no es ese millón o los millones per se, sino la nueva persona en la que te conviertes. Es el valor que ahora tienes y vas aumentando, en favor tuyo, de tu familia y de tus clientes; el disfrute de tu crecimiento, tanto personal como profesional.

La transformación es infinita. ¡Nunca dejes de transformarte!

Un plan *permanente*

Te pongo un ejemplo muy familiar: el deseo de muchos de alcanzar una determinada forma física y, en general, una vida saludable. Asumamos que quieres alcanzar un peso específico y lo logras todo, de acuerdo a como lo planificaste. ¿Qué vas a hacer ahora? ¿Vas a decir: 'terminé, ahora paro, acabo de llegar a mi peso deseado'? ¡No!

Ese es el momento de continuar con la transformación. Tienes que seguir haciendo ejercicio y alimentándote bien. La transformación es infinita, tienes que seguir trabajando. El objetivo es seguir transformándonos física, familiar y financieramente.

No dejaré de recalcar, a lo largo de este libro, la importancia de las tres transformaciones: finanzas, forma física y familia, lo que yo llamo las 3-F del éxito. Las tres son infinitas, dinámicas, cambiantes. Por esa razón, necesitamos desarrollar nuevas y valiosas habilidades, que den respuesta a la demanda de las nuevas realidades en los distintos momentos de la vida.

Nº 2

Principio esencial:

Integración de la familia

Este es quizás el tema que más me apasiona cuando se trata de dinero: construir riqueza junto a la familia, con el propósito de impactar y ayudar, al menos, a las próximas tres generaciones.

Confío plenamente en que, con las herramientas de este libro, aprenderás a organizar tus finanzas con criterio de prosperidad y abundancia. Con ello lograrás no solo más y mejores encuentros con la familia, sino que se abrirán espacios para que juntos construyan riqueza. Una riqueza sustentada en valores y en el derecho a vivir en prosperidad y abundancia.

En mi experiencia familiar y profesional, donde he asesorado a más de 20.000 empresarios y profesionales, incorporar el tema del dinero en las conversaciones familiares ha sido una de las herramientas que más ha contribuido para estrechar lazos de amor y convivencia con la pareja y los hijos. Se trata de ver el dinero con sentido de prosperidad, capaz de unir aún más al núcleo familiar.

Por ejemplo:

Hablar sobre cuál es el
propósito de la riqueza

———————

Qué habilidades debemos
desarrollar para alcanzarla

———————

Cómo y en qué debemos
invertir para desarrollar esas
habilidades

———————

El derecho a disfrutar el dinero
y la responsabilidad para
resguardarlo y multiplicarlo

Estos y otros temas son importantes en nuestras conversaciones sobre el dinero y la riqueza.

El tema del dinero es un tabú en muchos hogares y ha producido hasta rupturas, pero, en otros, por la forma en que es concebido, ha servido para el reencuentro. En mi caso, ha sido una bendición, porque ha abierto puertas a conversaciones muy interesantes con mi esposa e hijos. Tanto para ellos como para mí, lo cual nos une cada vez más.

No hay mejor forma de comunicarnos que a través del ejemplo. Y en todo debemos ser buenos ejemplos para nuestros hijos. Es muy difícil que ellos conecten con nosotros, si lo que le pedimos no coincide con la imagen y hábitos que ven en nosotros.

He visto la transformación en miles de oyentes de nuestros podcasts y nuestros retiros empresariales. Hombres y mujeres que asisten para trabajar constantemente, de trimestre en trimestre, en su propia transformación.

Por eso he escrito este libro para ti, para que des los primeros pasos y experimentes tu propia transformación; para convertirte en esa autoridad capaz de inspirar a tus hijos y a muchísimas otras personas.

¿Cómo puede una familia evadir el tema del dinero y pretender que el éxito financiero los acompañe?

Te invito a desarrollar una mayor visión y misión, un legado. A hacer crecer y valer cada vez más tu apellido y contribuir con la familia y la sociedad. Que seas una fuente de ejemplo y oportunidad para tu familia y los demás. ¿Qué tanto lo disfrutarás?

Es muy importante que las conversaciones con la familia se inspiren en la prosperidad, la abundancia y las oportunidades; que sean impregnadas de optimismo y compromiso, para aprender a cómo generar dinero, manejarlo y multiplicarlo; y cómo hacer crecer tu fortuna, por más pequeña que sea.

Háblales de las 4-M del dinero. Te aseguro que al principio se resistirán, no se mostrarán interesados; pero solo es cuestión de tiempo y de persistir, hasta que se despierte su interés en el tema.

Háblales siempre. Por ejemplo, si estás en una situación financiera difícil, compártela con ellos; sin abrumarlos, cuéntale lo que pasa, cuánto necesitas de la comprensión de todos y qué estás haciendo para superarla.

Utilizar palabras o frases que los anime a entender la situación, y sentirse orgullosos de que puedan unirse en momentos donde hay que hacer ajustes al presupuesto de gastos y diseñar estrategias para generar más ingresos.

Los momentos difíciles también son una oportunidad para estrechar los lazos de afecto y solidaridad. En estos casos es valioso reafirmar: "Vamos a pasar por esta situación y encontraremos la solución. ¿De acuerdo?".

Estas experiencias también son una oportunidad para cambiar expresiones. "No se trata de restricciones como patrón de vida, sino de crecimiento". Hay que asumir una circunstancia puntual, que requiere de ajustes económicos temporales. Ahora mismo, puede que tengamos que restringir algunos gastos. Lo entiendo. Ese el "precio" que debemos pagar para lograr lo que nos hemos planteado.

Tú también *puedes lograrlo*

Quiero compartirte parte de mi historia. Te recuerdo que soy inmigrante, probablemente como tú o tus padres o abuelos. Sigo teniendo acento hispano cuando hablo inglés. No tuve la fortuna de que mis padres me pagaran una buena universidad. Trabajé como valet parking, mesero, toqué puertas para vender ollas e hice muchos otros trabajos que no me gustaban. Sin embargo, cada uno de esos trabajos y experiencias fueron oportunidades para crecer.

Así que, si yo pude transformar una situación de tanta escasez en otra de prosperidad y abundancia, como muchos otros también han hecho, si te lo propones, utilizas los principios de este libro, te preparas y desarrollas nuevas habilidades, tú también podrás lograrlo.

Estudié en un colegio comunitario. Mi claridad con respecto al futuro que quería, mi convicción de que merecía lo mejor y mi compromiso para lograrlo, a través de la preparación, el desarrollo de habilidades y la determinación de hacer lo que debía, hoy me dan una autoridad.

Por eso, puedo decirte que tu futuro será tan próspero y abundante como decidas hoy. Dependerá de tu nivel de compromiso contigo mismo. Así que te animo a comprometerte con tu futuro, y empezar a construirlo hoy.

Muchas personas que he entrenado en mis cursos han logrado, en muy poco tiempo, generar 150.000, 200.000, 300.000 o 400.000 dólares en un trimestre. ¡Más de un millón de dólares al año! ¡Tú también puedes lograrlo!

Para ello, necesitas:

Conocimiento especializado

Desarrollo de habilidades

Práctica incesante

Para finalizar este importante asunto, sobre la inclusión del tema financiero en tus conversaciones en el núcleo familiar, te presento ocho poderosas razones por las que debes lograr que tu pareja e hijos se involucren en las finanzas del hogar.

El conocimiento es poder:

Incluir a toda la familia en las finanzas fomenta el conocimiento financiero en todos los miembros, independientemente de su edad. Este conocimiento compartido es crucial para tomar decisiones informadas y comprender el valor del dinero.

Sentido de responsabilidad y cuidado:

Cuando los miembros de la familia participan en las finanzas de la casa, desarrollan un sentido de responsabilidad y la obligación de rendir cuentas. Esto ayuda a cultivar un enfoque maduro hacia el gasto, el ahorro y la inversiones.

Metas financieras familiares:

Involucrar a todos los miembros de la familia en la planificación financiera permite trabajar por objetivos comunes, como ahorrar para las vacaciones, compra de un carro, una casa nueva o fondos para la universidad.

Este esfuerzo colectivo no solo nos ayuda a mejorar nuestras finanzas, sino que también refuerza los lazos familiares y la cooperación.

Necesitas conversar constantemente con tu familia sobre los objetivos financieros propuestos. Y, de nuevo, cuanto más hables sobre estos temas con ellos, más se estrecharán los lazos de cariño y solidaridad entre ustedes.

Recomiendo establecer los objetivos trimestralmente, de acuerdo con las 4-M del dinero: cómo generar más, manejarlo y multiplicarlo.

Transparencia y confianza:

Las conversaciones abiertas sobre finanzas crean un entorno transparente, que generará confianza entre los miembros de la familia. La franqueza es esencial para una dinámica familiar sana.

Disponer de dinero para cubrir gastos imprevistos:

Cuando toda la familia es consciente de la situación financiera, está mejor preparada para enfrentarse a potenciales emergencias financieras. Todos comprenden la importancia del ahorro y pueden contribuir y respetar estas reservas claves para la estabilidad.

Construir un legado:

Educar a la familia sobre finanzas es un paso hacia la creación de un legado de sabiduría financiera. Estos conocimientos, transmitidos de generación en generación, garantizan la estabilidad y la prosperidad financieras a largo plazo, haciendo a cada rama más próspera.

Se logra no solo una evolución económica, sino personal e intrapersonal, que contribuye cada vez más a cada miembro y a la comunidad. Cada generación va evolucionando más y más.

Reducción del estrés:

Esta es una de las principales razones por la cual debes integrar a tu familia en el tema financiero.

Cuando se comparten las responsabilidades y los conocimientos sobre el dinero, se reduce la carga y el estrés de un solo miembro de la familia. Este enfoque familiar conduce a una gestión financiera mucho más equilibrada y menos estresante.

Promueve la igualdad y la inclusión de entre los miembros de la familia:

Cuando involucras a todos los integrantes en la finanzas familiares, cada miembro siente que se valoran sus opiniones y aportes, independientemente de su edad o papel en la familia. Esto fomenta una relación familiar más armoniosa.

Construyendo riqueza familiar en tres generaciones

El proceso de construcción de riqueza familiar, con el propósito de impactar y ayudar al menos a las próximas tres generaciones, es quizás el tema que más me apasiona cuando se trata de dinero.

Así, cada generación será más próspera que la anterior. Con esta forma de pensar, el dinero no es un tema tabú, ni una fuente de ansiedad, sino un tema para desarrollar en familia.

Hay un dicho que afirma que la primera generación hace la fortuna, la segunda la disfruta y la tercera la destruye. Esto nos recuerda lo pasajera que puede ser la riqueza entre generaciones.

En este libro siempre enfatizo la importancia de las 4-M del dinero, para asegurar que los beneficios obtenidos de contar con habilidades correctas —y aplicarlas—, alcancen como mínimo a tus nietos, a partir de tu generación, formada por el matrimonio.

Tus hijos deben ser los primeros beneficiarios, si utilizas el núcleo familiar presente para educarlos en el tema financiero. Ya, desde este mismo momento, estás construyendo el legado que quieres dejar a tus próximas generaciones.

La primera generación, a menudo motivada por la necesidad y el deseo de superar dificultades, pone los cimientos de la riqueza. Esta valora mucho el dinero, pues a menudo ha vivido sin él. El proceso de la escasez a la abundancia les enseña la importancia de las habilidades financieras. El gran reto para esta generación es inculcar esos valores en sus sucesores.

La segunda generación, que se beneficia de los esfuerzos de la primera, suele encontrarse en una encrucijada. Al haber crecido con cierta comodidad, puede que no tengan la experiencia directa ni la necesidad de construir riqueza desde cero. Esta vive de los frutos del trabajo de la anterior, y también tiene tres importantes tareas: disfrutar, cuidar y hacer crecer la riqueza heredada.

La educación y participación en la gestión de la riqueza, desde una edad temprana, es una estrategia clave para preparar a esta generación para su papel como guardianes del patrimonio familiar.

Ese es mi gran desafío, y el de mi pareja: sembrar en nuestros hijos valores que los lleven a transmitir la importancia de tener las habilidades y la responsabilidad de disfrutar. Recordarles siempre que su reto es, también, cuidar y superar la riqueza obtenida por herencia.

El mayor *desafío*

La tercera generación, la de los nietos, enfrenta el reto más grande en este ciclo. Alejados de las luchas de la rama que creó la riqueza, corren el mayor riesgo de desperdiciar la fortuna familiar. Su relación con el dinero, a menudo se caracteriza más por un sentido de derecho que de aprecio.

Por eso, es fundamental inculcarles educación financiera. Necesitan aprender el importante rol que tienen: no solo disfrutar, sino también preservar la riqueza heredada, como privilegio de haber nacido en cuna de oro y no conocer la estrechez económica.

En resumen, la primera generación generalmente se enfoca en cuidar y multiplicar sus ingresos, la segunda en cuidar y disfrutar la riqueza construida, y la tercera pone un gran interés en el disfrute, descuidando el buen manejo de la riqueza y de cómo multiplicarla.

Para romper el ciclo de creación y destrucción de riqueza, piensa en términos de tres generaciones. Así podrás asegurarte de que los hábitos y habilidades financieras que crees no solo sean un testimonio de tu éxito, sino un verdadero legado para las generaciones futuras.

La verdadera medida de este éxito no está solo en el dinero que logres, sino en los valores que transmitas, asegurando que cada generación aprecie, respete y construya sobre los cimientos establecidos por sus antepasados.

Imaginas que, como regalo de boda, otorgaras a tus hijos un apartamento completamente pagado, sin hipotecas. ¿Te imaginas la posibilidades para ellos?

Por lo general, estarás dándoles riqueza fácil, sin que medie un aprendizaje. Pero, ¿qué tal si les ofreces un pack competo: dinero, educación y conciencia?

¡Qué gran ventaja tendrán a los 25 o 30 años, como premio a su conocimiento financiero y a la educación y crecimiento derivados de tus enseñanzas! El merecimiento asociado al conocimiento, es un regalo siempre será apreciado.

Un ciclo responsable

Piénsalo así: hay tres generaciones que probablemente verás e influenciarás: tú y tu pareja, tus hijos y tus nietos. El objetivo principal es que el matrimonio empiece a ser realmente bueno con el dinero, aprenda diferentes formas de generar más ingresos y a manejarlos cada vez mejor. Y lo más valioso para generar riqueza y libertad financiera: a multiplicarlo.

Luego, enseñas a tus hijos a hacer lo mismo, a disfrutar del dinero sabiamente, protegerlo y hacerlo crecer para la próxima generación. La unión familiar, como ya he dicho, es uno de los ingredientes más importante en la construcción y preservación de la riqueza.

Primera generación: *la pareja*

Todo comienza contigo. La pareja necesita ver el

dinero de una nueva manera y mejorar su mentalidad sobre este tema tan importante para la familia y las generaciones venideras.

En lugar de solo traer un sueldo a casa, piensen en otras formas de ganar más dinero. Podrían iniciar un negocio, invertir o aprender nuevas habilidades que les ayuden a ganar más. También se trata de ser inteligentes y administrar muy bien lo que ganan, para tener más oportunidades de multiplicar los frutos del trabajo.

Segunda generación: *los hijos*

Luego vienen tus hijos. Es importante que aprendan de ti la importancia de las 4-M del dinero. Deben saber que no se trata solo de tener mucho, sino también de mantenerlo seguro y hacerlo crecer. Esto les ayuda a entender que necesitan ser responsables con el dinero. También evita que piensen que pueden, simplemente, depender de la riqueza familiar, sin trabajar duro ellos mismos.

En la segunda generación, compuesta por los hijos, es donde se pone a prueba y se refuerza la continuidad de la estrategia financiera. El objetivo principal para esta rama no es solo heredar riqueza, sino entender los principios de preservarla y hacerla crecer. Esta generación debe aprender a equilibrar el disfrute de los frutos de estrategias financieras bien establecidas con la responsabilidad de proteger y mejorar esa riqueza.

Uno de los grandes retos para las familias que han construido riqueza es evitar que los hijos se vuelvan caprichosos o flojos. Para evitar esto, es importante que los niños participen también en las conversaciones relacionadas con el dinero familiar, desde muy pequeños.

Hay que enseñarles el valor del dinero, cuánto cuesta ganarlo y por qué es importante cuidar el patrimonio familiar. Así, los hijos heredarán riqueza y el conocimiento para usarla sabiamente. Además, tal vez, el compromiso de cuidar y transmitir a sus descendientes lo que recibieron por herencia.

La tercera generación: *los nietos*

Los nietos son la tercera generación, y se benefician de todas las buenas decisiones financieras que tomaron sus padres y abuelos. Ahora, el objetivo es seguir cuidando y aumentando el patrimonio familiar. El desafío está en asegurarse de que los valores y lecciones que aprendieron sus padres, se transmitan bien a ellos.

Para lograrlo, toda la familia —padres y abuelos— debe seguir enseñando acerca del dinero. Los nietos deben aprender cómo piensa la familia sobre el dinero, cómo lo ganaron, cómo lo manejaron y multiplicaron y por qué es importante seguir construyendo el legado financiero familiar. También es importante que se sientan orgullosos. Hay que animarlos a desarrollar sus propias habilidades financieras y guiarlos en cómo manejar e invertir el dinero.

Es importante planificar a largo plazo. Organizar las finanzas familiares pensando en tres generaciones es una de las decisiones más inteligentes que puedes tomar con tu familia. Esto no solo asegura que cada miembro se convierta en una persona productiva, sino que también ayuda a que la fortuna siga creciendo con el tiempo. Todo empieza cuando la primera generación (la pareja) desarrolla mejores formas de pensar y manejar el dinero.

Luego, la segunda generación (tus hijos) construye sobre esto, disfrutando de la riqueza, pero asegurándose de que siga creciendo. Finalmente, la tercera generación (tus nietos) se prepara para continuar lo que se ha iniciado, usando todo el conocimiento y las habilidades que han aprendido de sus ancestros.

Esta forma de planificar el futuro no trata solo de hacer dinero, sino de crear una tradición de sabios y responsables. Enseña a cada generación cómo generar más ingresos, manejarlos mejor y, lo más importante, multiplicarlo sabiamente. Y, sin olvidar valorarlo y usarlo, de manera que brinde bienestar a la familia y también a muchas otras personas.

Nº 3

Principio esencial:

El dinero como fuente de alegría

El dinero, por lo general, es motivo de preocupación y angustia. Sin embargo, si ese es tu caso, estoy convencido de que es posible aprender a relacionarse con el dinero con una mentalidad de riqueza y prosperidad. Aprender a verlo como fuente de oportunidades, entusiasmo y alegría.

Probablemente creciste, como muchos de nosotros, sin una educación financiera sólida. La escuela te enseñó álgebra, pero no cómo generar ingresos, manejarlos y multiplicarlos. Y, por eso no dudo de que tu mundo financiero pueda resultarte amenazante.

Tu aprendizaje financiero puede ser fascinante y gratificante. Imagina descubrir cómo hacer que el dinero trabaje para ti, cómo alcanzar tus metas más audaces, ya sea viajar por el mundo o iniciar tu propio negocio.

En los próximos capítulos, te guiaré paso a paso para desmitificar el dinero. Aprenderás no solo cómo generar más ingresos, sino también a manejarlo con sabiduría y a multiplicarlo con eficiencia. Es como aprender un nuevo idioma: al principio parece abrumador, pero, con práctica, se vuelve natural y abre un mundo de posibilidades.

Lo mejor es que no estás solo en este viaje. Únete a nuestras apasionadas comunidades por la educación financiera.

Ahí compartimos historias inspiradoras de personas que han transformado sus vidas. *Puedes hacerlo a través del siguiente código QR:*

Imagina la emoción de duplicar tus ingresos en menos de un año o liberarte de deudas que parecían eternas. Cada pequeño logro en tu camino financiero merece ser celebrado. Esa primera inversión exitosa, el mes en que te ajustaste perfectamente a tu presupuesto, o simplemente sentirte más seguro al hablar de dinero, son victorias que construyen tu confianza y entusiasmo.

¿Estás listo para descubrir cómo el mundo de las finanzas puede ser una fuente de alegría, libertad y posibilidades infinitas? Te invito a continuar este emocionante viaje de descubrimiento y transformación.

Nº 4

Principio esencial:

Enfoque en *generar más ingresos*

Tu enfoque debe estar en generar más dinero, más ingresos, y no en restringir tus gastos y eliminar tus deudas.

No me malinterpretes. No quiero decir con esto que no debas prestar atención a gastos y deudas. Por supuesto que sí, especialmente si el presupuesto está fuera de control o vives abrumado por las deudas.

Piensa en cuántas veces has intentado restringir el presupuesto de gastos y eliminar las deudas sin éxito. Antes de desarrollar mis habilidades para generar más ingresos, traté infinidad de veces de restringir el presupuesto para salir de deudas y poder ahorrar más, sin lograrlo. Una vez más, si quieres mejorar tu situación financiera, la clave no está en enfocarte en restringir gastos o eliminar deudas. Aunque es importante, la respuesta radica en incrementar tus ingresos.

Por ejemplo, si tienes una urgencia económica de $5.000, que necesitas resolver en los próximos 60 días, ¿qué es más fácil y rápido, limitar el presupuesto o enfocarte en generar $5.000 extras? Obviamente, resolverás más rápidamente la emergencia económica generando que limitando el presupuesto.

Por esa razón, el principio esencial número cuatro enseña que "es más rápido salir de las deudas, ahorrar mucho más dinero y controlar el presupuesto, cuando el enfoque está en generar más dinero, más ingresos".

No importa qué tan bueno y hábil seas con tu presupuesto. Incluso, te pueden llamar "el mago de los presupuestos", pero si no generas más ingresos, no hay mucho que hacer.

Enfocarte solamente en restringir el presupuesto y eliminar las deudas, te limita. Enfocarte en generar más ingresos, te inspira, te motiva a buscar soluciones. Y, sobre todo, a desarrollar habilidades y crecer personal y profesionalmente.

Nº 5

Principio esencial:

Contribución *a los demás*

Mientras más dinero ganas, más puedes ayudar a los demás. Y me atrevo a decir que todos los seres humanos, independientemente de nuestra historia, sentimos mucho placer cuando podemos ayudar a otros. Es parte de la naturaleza humana. Pero recuerda que el impacto de tu contribución a los demás, dependerá en gran parte de tus ingresos.

Sí o sí debemos generar más ingresos para que nuestra contribución tenga mayor impacto en las personas necesitadas. Esta convicción ha sido uno de mis principales motores para formarme cada vez más y mejorar como empresario, coach y profesional.

No quiero decir que, si no tienes buenos ingresos, no podrás impactar a otros. Hay muchos padres y madres, sin capacidad económica, que inspiran a sus hijos y entorno familiar por su ética de trabajo, cariño, amor, moral y principios.

Ahora, además de amor y orientación, ¿cuál sería el impacto si pudieran brindar a sus hijos más atención si tuviesen una capacidad económica mucho mayor?

¿Cómo sería poder pagarles los estudios en una institución de prestigio, que los prepare también para destacarse como profesionales de alto nivel, relacionarse con personas que los inspiren a ser cada vez mejores y brindarles un mejor entorno y oportunidades?

Como puedes ver, si quieres un mayor impacto, necesitas un mayor ingreso.

Quiero que veamos el lado luminoso del dinero, los beneficios y oportunidades que nos brinda para tener una vida próspera y abundante, que nos acerca más en la familia y nos conecta con el entorno.

Te invito a que formes parte de ese grupo de personas que buscan mejorar su condición personal, familiar, profesional, y su capacidad para ayudar. De manera que impactes a quienes necesitan soluciones, que solo pueden darse con un recurso tan importante como el dinero.

Para generar los ingresos capaces de transformar nuestras vidas y la de otros, necesitamos generar más y más ingresos, pero desde una nueva perspectiva. Necesitamos una visión de abundancia, prosperidad y merecimiento, que rompa con las creencias que descalifican y envilecen al dinero.

Te invito a pensar, porque sé que eres una persona que quiere impactar a otros, ¿qué impacto tendrías en tus clientes, en la sociedad y sobre todo en tu familia, si tuvieses mil veces más dinero o una situación económica de abundancia?

Escríbelo aquí. ¿Qué harías por otros si tuvieses mucho más dinero?

_____

_____

_____

_____

_____

_____

_____

_____

_____

_____

_____

_____

Ahora, después de haber hecho este ejercicio, te pregunto: **¿vale la pena tu transformación, el desarrollo de habilidades y siempre querer más, para manifestar los cinco puntos que escribiste arriba?**

Ejercicio de fin de capítulo:

Califícate en la escala del 1 al 10 cómo estás trabajando para:

- Desarrollar tus habilidades *para generar más ingresos*

○○○○○○○○○○

- Mejorar tus habilidades *sobre el manejo del dinero*

○○○○○○○○○○

- *Entender cómo* multiplicar tu dinero e ingresos

○○○○○○○○○○

- ¿Te gusta el tema *del dinero?*

○○○○○○○○○○

- ¿Introduces el tema financiero en los *miembros de tu familia?*

○○○○○○○○○○

- ¿En qué medida ayudas a los demás *con tus recursos económicos?*

○○○○○○○○○○

Cómo hacerte rico a ti y a tu familia

Por Orlando Montiel

CAPÍTULO 4

11 VERDADES SOBRE EL DINERO

QUE CAMBIARÁN TU VIDA

Lo más seguro es que en tu familia y en la escuela no te hayan enseñado las 11 verdades claves sobre el dinero que necesitas aprender. *Su aprendizaje y aplicación son fundamentales para mejorar tus finanzas personales, de manera acelerada.*

1. *Toda la familia debe formar parte de tu* plan financiero.

2. Incrementar las habilidades mejorará *tus finanzas más que cualquier otra cosa.*

3. *La mejor inversión* que puedes hacer es el acceso.

4. *No te preocupes tanto por cuánto costará hacerlo,* sino por cuánto costará no hacerlo.

5. El objetivo número uno en las finanzas personales *es generar múltiples fuentes de ingresos residuales.*

6. Cambia tu mentalidad de aumentar el salario y las comisiones *por la de aumentar tus activos.*

7. No te harás rico ahorrando, *tienes que invertir.*

8. Debes ser dueño de una parte de *la economía americana.*

9. *Hay que aprende a vender,* a desarrollar habilidades para conectar con las necesidades de tu cliente.

10. *Hacerse rico es diferente* de mantenerse rico.

11. *Ahorrar no es un sacrificio,* sino una oportunidad.

Estos conceptos revolucionarán la forma en que ves tus finanzas y ayudarán a tu familia a construir un legado financiero.

Verdad N° 1:

Toda la familia debe formar parte *de tu plan financiero.*

En el camino hacia la estabilidad y el crecimiento financiero, incluir a tu familia en el plan será una de las cosas más importantes que harás por ti, por ellos y por las generaciones futuras. Involúcralos en cómo piensas sobre el dinero, cómo lo ganas, cómo lo administras y cómo lo multiplicas.

La familia puede ser un obstáculo para tu futuro financiero, pero, si la haces parte del proceso, también puede representar tu mayor fuente de apoyo para el crecimiento económico. Más allá de la importancia de las decisiones individuales, involucrar a la familia en las conversaciones sobre dinero es una fuerza formidable para lograr y mantener la riqueza.

En esencia, incluir a la familia en tu planificación financiera permite crear un ambiente de transparencia y responsabilidad colectiva. A menudo, los asuntos financieros se ven como responsabilidad exclusiva de un miembro de la familia, típicamente quien más aporta económicamente.

Sin embargo, este enfoque puede llevar a una falta de conciencia y compromiso de los demás miembros, lo cual puede ser perjudicial en tiempos de crisis financiera o toma de decisiones.

La importancia de las metas compartidas

Involucrar a la familia significa educar a cada miembro, sin importar su edad, sobre los fundamentos de las finanzas familiares. Esta educación comienza con conceptos simples como el ahorro y el presupuesto, y gradualmente incluye temas más complejos como ganar más dinero, crear diferentes fuentes de ingresos e invertir.

El objetivo es acercar a todos los miembros de la familia, para construir un entendimiento y un lenguaje común sobre el dinero. Esto permitirá que tu pareja e hijos contribuyan de manera significativa a las discusiones y decisiones financieras.

La comunicación efectiva es determinante para una planificación financiera familiar exitosa. Implica discusiones regulares y abiertas sobre metas financieras, desafíos y oportunidades.

Al establecer metas compartidas, creas un sentido de propósito común y motivación. Esto puede incluir objetivos a corto plazo, como ahorrar para unas vacaciones familiares, o metas a largo plazo, como asegurar una jubilación cómoda o crear un legado familiar.

Recuerda, la transparencia financiera no significa compartir cada detalle con todos los miembros de la familia, especialmente con los niños más pequeños. Se trata de adaptar la información a la edad y madurez de cada uno, asegurándote de que todos se sientan parte del viaje financiero familiar.

Empoderar con educación financiera

La educación financiera es un regalo invaluable que puedes dar a tu familia. Comienza enseñando conceptos básicos a tus hijos, desde una edad temprana. Usa situaciones de la vida real para ilustrar conceptos financieros. Por ejemplo, inclúyelos en la planificación del presupuesto familiar o en la toma de decisiones sobre compras importantes.

Para los miembros adultos de la familia, considera organizar sesiones de aprendizaje regulares, donde puedan explorar juntos temas financieros más avanzados. Esto podría incluir la lectura compartida de libros sobre finanzas, la asistencia a seminarios de inversión o la invitación de expertos financieros para charlas familiares.

Verdad N° 2:

Incrementar las habilidades mejorará *tus finanzas más que cualquier otra cosa.*

———

Este es uno de los temas más importantes, del que la mayoría de los "gurús financieros" no hablan. La mayoría de los libros sobre finanzas se centran en el ahorro y en la eliminación de compras que no puedes permitirte en un momento determinado. Es decir, te proponen ajustes en los gastos, según tus ingresos.

El mensaje se repite y repite: sal de las deudas, ahorra más, no compres autos nuevos, planifica para la jubilación y "asegúrate de no tomarte ni un buen café fuera de casa".

En mi opinión, este es un mensaje desmoralizador: "no merezco", "no debo", "no puedo". Es un mensaje de "economía de guerra". ¿Y qué hay en el fondo de una economía de guerra? Escasez.

Por supuesto, en momentos en que las finanzas no están bien, hay que hacer ajustes. Pero, si bien hay que concentrarse en el ahorro y no incurrir en deudas, esto no es suficiente para crear prosperidad, abundancia, disfrute del trabajo y lograr la transformación.

Claro que el ahorro es importante, de hecho, apostaría a que pocas personas aman ahorrar más que yo. Pero el ahorro por sí solo no creará riqueza ni te sacará de la angustia financiera lo suficientemente rápido.

Cuando solo se ahorra por necesidad, porque no tienes la habilidad para generar más ingresos, las crisis financieras se repetirán una y otra vez. Entonces, el ahorro se convierte en una pesadilla, en un sacrificio, porque no se ve llegar nunca la gratificación que esperas.

Es mucho más inspirador y motivador que te enfoques en desarrollar tus habilidades, para que puedas generar más ingresos, en vez de simplemente limitar tus opciones y llevar una vida muy restringida.

¿Quién te dice esto? Yo, un inmigrante hispano que no fui a una universidad de élite, que empecé a trabajar a los 17 años e intenté salir de las deudas muchas veces y ajustarme solo a mis pocos ingresos.

Sin embargo, esto no era suficiente para conseguir mi ansiada paz económica, porque los ciclos de angustia se repitieron muchas veces. Por más que reducía mis gastos personales, aumentaban otros que no podía controlar. Nunca había suficiente para cubrirlos. Mi situación financiera comenzó a mejorar cuando me enfoqué en desarrollar habilidades y aportar más valor al mercado.

Si haces eso, ahorrarás más, inspirarás y motivarás más, y ayudarás a más personas en el proceso. Tu sentido de logro y realización se disparará, reforzando el desarrollo de nuevas de habilidades que te permitirán aumentar aún más los ingresos.

Para ilustrar mejor esta verdad, considera este escenario:

Debes conseguir $50.000 o morirás. Te doy la opción de ahorrar $50.000 o ganar $50.000 extra. ¿Qué sería más fácil?

Naturalmente, la respuesta es ganar $50.000 extra. Usando la misma lógica, si quieres salir de las deudas y ahorrar más, es mucho más fácil, rápido, motivador e inspirador enfocarte en desarrollar habilidades para producir dinero. Esto, en lugar de asignar unos cientos de dólares al mes para salir de deudas o aumentar la cuenta de ahorros.

El cómo incrementar tus ingresos, lo hablaremos en detalles en el capítulo número seis.

Verdad Nº 3:

La mejor inversión que puedes hacer es el acceso.

"*Antes de hablar,* escucha. *Antes de escribir,* piensa. *Antes de gastar,* gana. *Antes de invertir,* investiga"

William A. Ward

Cuando la gente me pregunta dónde deben colocar su dinero, siempre respondo lo mismo: deberías invertirlo en comprar acceso.

¿A qué me refiero? Comprar acceso es invertir tiempo y dinero en todo aquello —libros, seminarios, cursos, coaching, eventos y masterminds— que te permita conocer diferentes perspectivas, adquirir nuevos conocimientos y desarrollar otras habilidades para invertir en el negocio o en instrumentos financieros.

Con el acceso podrás pedir y recibir recomendaciones de personas expertas. Y además, dispuestas a compartir la manera de llegar a donde deseas. El acceso te permite minimizar errores y acelerar tu proceso de aprendizaje.

Por ejemplo, si quieres invertir en acciones, busca un grupo de inversionistas, participa en cursos, contrata a un coach, asiste a eventos, seminarios y/o masterminds. Siempre teniendo en cuenta que estén a cargo de personas que hayan logrado los resultados deseados, aplicando su conocimiento y habilidades en la bolsa de valores. Esto mismo aplica para los bienes raíces y cualquier otro instrumento financiero o negocio.

¿Cómo compras acceso *cuando no tienes dinero?*

Cuando se trata de comprar acceso, con fondos limitados, la estrategia es comenzar poco a poco. En principio, si realmente no tienes ninguna posibilidad de invertir, apaláncate temporalmente en recursos gratuitos en línea y en eventos presenciales gratuitos. Considera opciones de financiamiento, negocia con tu empleador la posibilidad de que te pague un curso que aumente tu valor y beneficie también a la compañía.

No cometas el error de buscar asesoría entre amigos o familiares que no tienen la experiencia en generar múltiples fuentes de ingresos, cómo manejar el dinero correctamente y multiplicarlo. Que a alguien le haya ido bien en la bolsa, los bienes raíces u otro negocio específico, no significa que debas hacer lo mismo. Entiende que no se trata de un instrumento financiero concreto —como acciones, propiedades o negocios—, sino de tus habilidades específicas.

El orden *de toda inversión es:*

1RO   *Acceso*

2DO   *Educación*

3RO   *Instrumento financiero*

El acceso a personas que te permitan obtener conocimiento y habilidades debe ser el primer paso para toda inversión.

Ahora es momento de evaluarte. Del 1 al 10, ¿qué tanto estás invirtiendo en ...?

- Acceso: ●●●●●●●●●●
- Cursos: ●●●●●●●●●●
- *Instrumentos* financieros ●●●●●●●●●●

Verdad Nº 4:

No te preocupes por cuánto costará hacerlo, sino por cuánto costará no hacerlo.

———————

Las personas con mentalidad de escasez y dificultades económicas se preocupan por el costo de invertir en cursos, coaching o herramientas financieras, sin tomar en cuenta que estos recursos le permitirán adquirir conocimientos y desarrollar habilidades para mejorar su situación.

Es natural preocuparse por el costo de toda inversión en educación, claro que sí, pero en el análisis debe incluirse siempre el costo eventual, en el mediano y largo plazo, de no hacer la inversión. El foco de tu atención no debe estar en cuánto cuesta la educación; sino en cuánto te costaría no tenerla. Despejar esta interrogante es el tema de la tercera verdad, que está muy vinculada con la segunda: comprar acceso.

Si realmente quieres crecer financiera y profesionalmente, necesitas invertir en todo aquello que te dé el conocimiento y te permita desarrollar las habilidades necesarias para subir a un nivel superior en el mejoramiento de las finanzas.

Nunca será tu mejor opción dudar si invertir o no en libros, coachings, seminarios o eventos, que te lleven a transformarte día a día en esa persona capaz de encontrar respuestas a tus necesidades financieras. El costo de invertir en desarrollarte como profesional y persona, aunque te parezca muy alto, siempre será muchísimo menor que el de no invertir en ti.

Las personas que luchan financieramente tienen una conducta muy cautelosa frente al gasto, especialmente en términos de inversión personal y profesional. Por eso, se encuentran, una y otra vez, en la misma situación de desesperanza.

Las personas financieramente exitosas atribuyen gran parte de su éxito al hecho de invertir en sí mismas y siempre reservar dinero para el desarrollo profesional. El conocimiento, las habilidades y las perspectivas que se aprenden en un curso bien seleccionado, o con la orientación de un coach, consultor y mentor capacitado, muy probablemente aumentarán tu potencial de ingresos de forma drástica.

Considera el escenario de pasar por alto la oportunidad de inscribirte en un curso de educación financiera. El ahorro inmediato es la tarifa del curso. Sin embargo, el costo a mediano y a largo plazo podría ser una continua falta de comprensión de la gestión financiera efectiva. Esto lleva a la pérdida de oportunidades de inversión, al manejo ineficiente del dinero y, en última instancia, a una pérdida potencial de riqueza que excede con creces el costo del curso.

De igual modo, dudar en trabajar con un coach con éxito probado, por razones de costos, podría resultar en decisiones pobres que te llevan a la subutilización de recursos, desarrollo de habilidades inadecuadas y a un ritmo más lento en el logro de tus objetivos.

En este contexto, el costo de no invertir en ti mismo puede manifestarse, en estancamiento de las finanzas y pérdida de oportunidades para hacer crecer tu patrimonio.

En conclusión, el verdadero costo de cualquier inversión en nosotros mismos debe medirse no solo en términos de desembolso inmediato, sino —más importante— en términos del potencial crecimiento financiero y personal que podría perderse al no dar el paso. Adoptar esta perspectiva es la clave para desbloquear tu pleno potencial profesional y financiero.

Verdad N° 5:

El objetivo número uno en las finanzas personales es *generar múltiples fuentes de ingresos residuales.*

———————

El ingreso residual, un término que se escucha a menudo pero rara vez se entiende, es el que se continúa generando después que se ha realizado el esfuerzo inicial. Difiere significativamente del ingreso lineal, que está directamente relacionado con el número de horas trabajadas.

Aquí está el punto clave: con el ingreso residual, tu potencial de ganancias no está directamente vinculado con el tiempo que inviertes. Por esta razón, es muy importante que comprendas, domines y apliques esta verdad, porque es fundamental para lograr la independencia financiera y tu sentido de prosperidad y abundancia. El ingreso residual es la única vía para construir una verdadera riqueza, y que perdure.

La noción tradicional de trabajo, aunque esencial, a menudo es insuficiente para alcanzar la verdadera paz económica.

Profundizaremos más en este tema en el capítulo número ocho.

———————————

Como dijo el legendario inversionista y billonario **Warren Buffet:**

"Si no encuentras una manera de ganar dinero mientras duermes, *trabajarás hasta que te mueras"*.

Este es un verdadero testimonio de la importancia de construir fuentes de ingresos que no requieran de tu constante participación para ser generados. El objetivo es crear un sistema donde el dinero trabaje para ti, en lugar de que tú trabajes por dinero.

Desarrollar múltiples fuentes de ingresos residuales es una meta que exige tanto educación como acción. Comienza con la educación financiera, entendiendo las diversas vías disponibles para generar ingresos residuales. Luego, sigue con la inversión estratégica de tiempo y recursos en canales como el mercado de valores, bienes raíces o el desarrollo de un negocio que pueda generar ingresos, independientemente de tus esfuerzos o atención constante.

Si quieres que el dinero trabaje para ti -y esto dependerá de tener múltiples ingresos- es fundamental estar consciente de que:

Inicialmente se requerirá de tu presencia y esfuerzo constantes.

Tu enfoque permanente debe estar en qué conocimientos y habilidades debes seguir desarrollando para multiplicar los ingresos residuales.

Se requiere mucha atención y paciencia, porque es un proceso. Los resultados no son mágicos; no se logran de la noche a la mañana.

Cuesta esfuerzo, tiempo y dinero para crearlos. Los ingresos al principio serán pocos, pero con tiempo y experiencia, trabajarás mucho menos y se convertirán en significativamente superiores.

El ingreso residual de múltiples fuentes reduce la dependencia de una sola entrada y permite mayor flexibilidad y libertad financiera. Más importante aún, libera tiempo, que es el recurso más valioso para las personas exitosas. Con los ingresos residuales puedes enfocarte en el crecimiento personal y profesional, y pasar más tiempo con tus seres queridos.

La creación de fuentes de ingresos residuales debe ser tu objetivo principal cuando de finanzas personales se trata. Lo más importante, al principio, no es generar más dinero; sino cambiar tu forma de pensar y de crear ingresos. Al construir y diversificar fuentes de ingresos residuales, podrás lograr un nivel de independencia y mayor seguridad financiera. Esto es imposible de alcanzar a través de un solo ingreso, que además requeriría una presencia permanentemente.

Obviamente, el trabajo es necesario, muy necesario; pero como única forma de ingreso jamás será suficiente para alcanzar la independencia financiera, la seguridad y, mucho menos, la prosperidad.

———————————

Como dice **Jim Rohn:**

*"Trabaja a tiempo completo para ganarte la vida, **mientras trabajas a tiempo parcial para construir tu riqueza".***

En otras palabras, trabaja a tiempo completo para ganarte la vida, mientras trabaja a tiempo parcial para construir diferentes fuentes de ingresos residuales. Una vez más, lograr tu libertad financiera es prácticamente imposible si dependes únicamente de una sola entrada, que te exige el máximo de capacidad para funcionar.

Cuatro beneficios principales
del ingreso residual

DIVERSIFICACIÓN:

Tener varias fuentes de ingresos es como contar con un colchón de seguridad contra lo inesperado. El mundo laboral cambia rápidamente, y con diferentes entradas de dinero puedes mantenerte a flote, porque, si una falla, te apoyas en las otras.

ACELERA TU RIQUEZA:

Más fuentes de ingresos significa que puedes ahorrar e invertir más rápidamente. Tu trabajo principal cubre los gastos, y el dinero extra lo puedes usar para construir el futuro financiero y disfrutar más de la vida.

LIBERTAD:

Con varios ingresos tienes más control sobre tu vida. No te sentirás atrapado en un trabajo que no te gusta, solo por necesidad. Podrás perseguir lo que realmente te apasiona.

CRECIMIENTO PERSONAL:

Para ganar más, necesitas crecer más. Buscar nuevas formas de ingresos te llevará a estudiar para aprender y desarrollar nuevas habilidades.

Tener una sola fuente de ingresos puede ser un obstáculo en tu camino hacia el éxito financiero. Las preguntas siguientes son importantes para evaluar tu salud e independencia económica:

¿Cuántas fuentes de ingresos tienes?

_____

¿Qué porcentaje de tus ingresos es residual?

_____

¿Qué porcentaje de tus gastos está cubierto por ingresos residuales?

_____

¿Qué pasaría si tu fuente principal de ingresos se detuviera? ¿Estás trabajando para desarrollar otras fuentes de ingresos?

_____

_____

_____

_____

_____

_____

_____

_____

Profundizaremos en este tema más adelante. Por ahora, identifica tres fuentes de ingresos que puedes comenzar a desarrollar hoy mismo:

_____

_____

_____

_____

_____

_____

_____

Verdad Nº 6:

Cambia tu mentalidad de aumentar el salario y las comisiones *por la de aumentar tus activos.*

¡Deja de intercambiar tiempo por dinero! Lograr la verdadera libertad financiera requiere un cambio de paradigma completo, pasando de las fuentes de ingresos tradicionales, como los salarios y las comisiones, a la adquisición y desarrollo de activos. Esta transición requiere un cambio de mentalidad: dejar de trabajar solo para ganar dinero, y trabajar para crear activos que ganen dinero por ti.

En las palabras de legendario
Jim Rohn:

"*La clave para alcanzar solidez económica, prosperidad y riqueza,* se encuentra en tu capacidad de convertir los ingresos de tu trabajo en ingresos pasivos".

Este es quizás el cambio de mentalidad más importante sobre el dinero. El nuevo paradigma te permitirá apartarte gradualmente del modelo tradicional, que consiste en intercambiar tiempo por dinero. Ese esquema se opone al de creación de riqueza, abundancia y prosperidad, que consiste en crear activos que generen ingresos para ti.

Adoptar el nuevo modelo no solo te impulsa hacia una mayor independencia financiera, sino que también permite controlar tu tiempo e ingresos, cosa que no podrías alcanzar si tu potencial de ganancias está directamente ligado a las horas que trabajas.

Cuando tus ingresos provienen de salarios o comisiones, existe una gran limitación: el número de horas de un día son solo 24. No importa qué bueno o eficiente seas, solo hay un número de horas disponibles para trabajar, lo que pone un tope a tus ingresos potenciales.

En cambio, el enfoque en construir activos que generen dinero de forma independiente, no tiene techo. A diferencia de los ingresos que provienen de salarios y comisiones, el potencial de ganancias que generan los activos no está limitado por el número de horas en un día o por la presencia física requerida para un trabajo.

Activos como propiedades en alquiler, acciones que pagan dividendos, regalías por propiedades intelectuales, intereses bancarios o ingresos de un negocio pueden seguir generando dinero las 24 horas del día, incluso mientras no estás trabajando activamente. Por eso, en la banca se dice que "el dinero nunca duerme".

El proceso de construir una cartera de activos que genere ingresos requiere paciencia, investigación y cierto grado de tolerancia al riesgo. Sin embargo, una vez que estos activos están en su lugar y se gestionan bien, proporcionan un flujo continuo de ingresos.

Ahí es cuando alcanzas la verdadera libertad financiera. Así es como se construye la verdadera riqueza y la prosperidad. Sé que suena un poco complicado y sí, al principio lo es, pero más complicado es vivir con la constante angustia financiera.

Con un flujo constante de ingresos pasivos a través de distintos activos, dispondrás de tiempo y recursos financieros para dedicarte a lo que te apasiona, a tus hobbies y a otros intereses personales, familiares y profesionales. Todo, sin la presión de depender únicamente de que te paguen un salario o comisión. Esta libertad también te brinda la oportunidad de seguir educándote, explorar nuevas vías y formas de crear más activos, disfrutar con la familia de los frutos de tus inversiones y también contribuir para el bien de otras personas.

Lo valioso de la estrategia está en que se puede escalar. Si bien hay un límite en lo que puedes ganar con un trabajo, las posibilidades de hacer crecer tus activos son prácticamente infinitas. Cuantos más activos adquieras y manejes bien, mayores serán tus ingresos pasivos. Esta capacidad de escalar es la que lleva a la verdadera riqueza.

Para pasar de sueldos y comisiones a activos, es clave entender que estos son necesarios porque soportan, en muchos casos, el camino hacia la prosperidad y abundancia. La estabilidad de un ingreso te da confianza y te abre la posibilidad de invertir en activos y educación.

De hecho, son esenciales en el inicio de la carrera y el viaje hacia la riqueza. Sin embargo, el salario y las comisiones no ofrecen los beneficios invaluables que puedes obtener de una buena cartera de ingresos residuales, como son libertad de tiempo y de esfuerzo.

El objetivo es evolucionar, pasar de depender únicamente de ingresos derivados de trabajo (salarios y comisiones) a desarrollar fuentes de ingresos que no estén directamente ligadas a tu tiempo y esfuerzo.

¡Esa es la clave para la prosperidad y la abundancia económica! Concéntrate en ello.

¿Te imaginas aumentar ingresos y que crezcan con el tiempo, sin que tengas que convertirte en un esclavo del trabajo. ¡Eso es lo que los activos pueden hacer por ti!

Piensa en los deportistas famosos y otras celebridades. No solo ganan dinero jugando.

Michael Jordan
Ganó más con Nike y otras marcas que con el baloncesto.

Shaquille O'Neal
Invirtió en negocios de comida rápida y hoy genera más ingresos que en su carrera como basquetbolista.

George Foreman
Hizo una fortuna vendiendo parrillas con su nombre.

Alex Rodríguez
Creó una empresa que invierte en propiedades y equipos deportivos.

Magic *Johnson*

Otra estrella del baloncesto, se retiró con cinco campeonatos de la NBA, pero su verdadera fortuna creció al forjar una alianza con 105 tiendas de Starbucks y una parte de los Lakers. Ahora dirige Magic Johnson Enterprises, una empresa que vale miles de millones, ¡y es uno de los accionista de los Dodgers!

Dwayne *"La Roca" Johnson*

¡Qué estrella! En 2020, fue el actor mejor pagado del mundo con $87.5 millones. Pero eso no es todo. También gana dinero por su ropa, zapatos y audífonos Under Armour, y es dueño de parte de una liga de fútbol americano.

Los doctores *son otro gran ejemplo.*

Conozco a muchos que, mientras trabajan como médicos y practican su profesión, se enfocan en paralelo en invertir en clínicas, propiedades y portafolio de acciones. Estos negocios, eventualmente, le permiten generar tanto o más de lo que ganan como médicos, sin tener la responsabilidad y el límite de tiempo. Incluso, algunos dejan de practicar la medicina. Aunque les resulte apasionante, llega un momento en que desean retirarse y convertirse en dueños de negocios multimillonarios.

Estos ejemplos nos enseñan algo importante: tener diferentes formas de ganar dinero e invertir sabiamente, pueden hacerte muy rico, más allá de tu trabajo principal. Nos enseñan qué es lo fundamental para alcanzar la libertad financiera.

El mensaje es claro: construye activos variados que generen dinero por y para ti. Con paciencia y sabiduría, tus ingresos crecerán mientras disfrutas con tu familia y amigos, sigues invirtiendo en tu educación y contribuyes con los demás. ¡Tú puedes hacerlo!

El poder de los activos y el *verdadero costo del trabajo*

No es solo que tus activos generen ingresos; el dinero, que es otra forma de activo, también genera más ingresos. Vender tu tiempo es la forma más fácil de ganar dinero, pero también la más costosa.

Te cuento mi experiencia:

Antes cobraba $2.500 por hora de consultoría individual. Suena bien, ¿verdad? Hasta que me di cuenta de que no podía obtener más dinero, porque no tenía más horas para pensar y generar activos.

Lo que se deja de ganar por enfocarse en ingresos "seguros" es demasiado importante; porque son activos que te permiten crecer exponencialmente, desde el punto de vista financiero; el tiempo y la calidad de vida que se pierde por enfocarse en generar ingresos solo a través del trabajo.

Una lección personal

Cuando tenía más de $300.000 en deudas y apenas podía pagar el alquiler, mi esposa me sugirió buscar un trabajo, pero me negué. Estaba convencido de que un trabajo limitaría mi crecimiento profesional y personal a futuro.

Te cuento esto, para que sepas que también he pasado por momentos económicos muy, muy difíciles. Pero también aprendí que con la mentalidad correcta, el entorno adecuado, el compromiso a crecer profesionalmente y el desarrollo cada vez más de mis habilidades, es posible superar las dificultades y enfocarse en lo importante a largo plazo.

La clave está en pensar más allá del ingreso inmediato, y en paralelo construir activos que trabajen para ti. ¡Tú también puedes hacerlo. Sí, con tiempo y buenas decisiones, también puedes construir tu propio imperio financiero. ¡Te invito a enfocarte en tomar acción para lograrlo!

Esta es la conclusión a la que llegarás cuando te des cuenta de que el mismo tiempo que dedicas a generar dinero, solo a través del trabajo, puede ser mucho más productivo si te enfocas en la creación de activos. Los activos, una vez puestos en marcha, se convierten en una maquinita de generar, iguales o mayores ingresos, sin el compromiso de estar presente y de manera constante.

Eventualmente, percibirás que esos ingresos que en el pasado te resultaban atractivos, pero requerían de tu presencia física constante, ya no son tan seductores.

No se trata solo de elevar la barra financiera, sino de un cambio fundamental en relación a cómo ves el trabajo y los ingresos. Se trata de entender que, aunque alquilar tu tiempo puede ser rentable, invertirlo en crear activos que trabajen para ti puede conducir a una mayor seguridad financiera, libertad de tiempo y satisfacción personal y profesional.

En palabras de
PT Barnum:

"El dinero es un terrible amo, pero un excelente sirviente".

El dinero es tu mejor empleado no sucumbe a la fatiga, la enfermedad o el error. No requiere descansos, no llegará tarde y su capacidad de trabajo es ilimitada. La naturaleza incansable del dinero como trabajador resalta un cambio significativo de perspectiva: transformar la visión de ganar dinero a través del trabajo duro por hacer que el dinero trabaje para ti.

Observa a quienes te rodean. Son pocos los empleados o trabajadores que hacen esta pregunta crucial para tener unas finanzas prósperas: "¿Cómo puedo hacer que el dinero trabaje para mí?

Por ejemplo, uno de los negocios en los que invierto es el de las hipotecas y proyectos multifamiliares. Sin un minuto de esfuerzo, recibo grandes ingresos mensuales. Trabaje o no, esté pendiente o no, recibiré mis cheques cada mes, independientemente del esfuerzo que invierta.

Lo atractivo de estas inversiones radica en su capacidad para generar un flujo constante de ingresos, independientemente de mis esfuerzos diarios o participación personal.

Este enfoque de generación de riqueza no trata solo de generar más ingresos, sino de diseñar un estilo de vida que dependa menos del trabajo diario y se centre más en la estabilidad financiera a largo plazo.

¿Estás trabajando para crear activos o solo para generar ingresos? ¿Por qué no hacer ambas cosas?

Cuanto antes comiences a construir activos y dejes de intercambiar tiempo por dinero, más pronto estarás en el camino de convertirte en una persona financieramente independiente. Es extremadamente difícil, a menos que seas un atleta o un artista, generar riqueza, intercambiando tiempo por dinero. Incluso, los artistas y atletas tienen un límite en el dinero que pueden ganar intercambiando tiempo por dinero.

Recuerda:

Haz que el dinero trabaje
para ti, no lo contrario.

———————————

Mientras más fuentes de
ingreso tengas mayor será tu
solidaridad financiera.

———————————

Con paciencia, conocimiento y
habilidades, también puedes
construir tu imperio financiero.

¡Ánimo!

Verdad N° 7:

No te harás rico ahorrando, *tienes que invertir.*

Es prácticamente imposible hacerte rico solo ahorrando. Imagina que ganas $100.000 y puedes ahorrar el 20%. En 10 años tendrás $200.000, en 20 años, 400.000 y en 30 años, $600.000 (sin contar la inflación). Como ves, no podrás crear y multiplicar riqueza solo ahorrando.

Sin duda, el ahorro es crucial en la construcción de la estabilidad financiera; pero no es suficiente para generar y multiplicar riqueza. El potencial del ahorro para crear riqueza es limitado, especialmente en el largo plazo, como vimos en el ejemplo anterior. En un entorno inflacionario, el valor real de $400.000 en 20 años podría ser considerablemente menor que su valor nominal actual.

Claro que invertir conlleva riesgos, pero no invertir también es arriesgado. La frase "no te harás rico ahorrando, tienes que invertir", resume un principio fundamental en las finanzas personales y en la multiplicación de la riqueza.

Invertir con conocimiento —y respaldado en la asesoría de un profesional y experto financiero, si fuese necesario— ayuda a minimizar los riesgos que toda operación implica; pero negarse a invertir por temor al riesgo es mantenerse en la zona más cómoda, en la cual no es posible construir y multiplicar riqueza para ti y tu familia.

¿Cómo reducir los riesgo al invertir?

No hay dudas de que siempre tiene sus riesgos. Por ejemplo, el valor de las inversiones puede bajar, los negocios pueden cerrar. Siempre existe la posibilidad de perder el dinero que invertiste.

Sin embargo, estos riesgos se pueden manejar, con la adecuada asesoría, diversificando tus inversiones y desarrollando nuevas habilidades.

Recuerda:

No inviertes cuando eres rico, te haces rico invirtiendo.

Trabajar duro y ahorrar es sumamente importante, pero no es suficiente para crear y multiplicar riqueza.

Verdad Nº 8:

Debes ser dueño de una parte de *la economía americana.*

———————

¿Has visto cómo han crecido empresas como Amazon, Tesla, Apple, Microsoft, Netflix, Home Depot, Walmart, Disney, Chipotle Mexican Grill, Domino's Pizza, Denny's, Starbucks, McDonald's, Panera Bread y Facebook, entre otras?

Son empresas cuyos productos consumen a menudo tus familiares y amigos. Además, muchos ocupan espacios en los gabinetes de la cocina, baño, etcétera. Sin embargo, me atrevo a apostar que la mayoría de las personas no invierten, ni se les ha ocurrido invertir en dichas empresas.

Me encanta esta frase de
Naval Ravikant:

"Debes ser dueño de una parte de la economía americana".

Como mencioné antes, he leído cientos de libros sobre dinero, riqueza e inversión, y puedo decir que "El Almanaque", de Naval Ravikant, es mi favorito.

Ravikant es un conocido empresario e inversor que ha compartido varias ideas sobre el valor de ser dueño de una parte de la economía nacional. Él resalta la importancia de invertir en los mercados de valores, especialmente en Estados Unidos, como una forma de participar en el crecimiento económico general. Ravikant a menudo defiende la idea de que ser dueño de acciones, especialmente de una cartera diversificada de empresas estadounidenses, es clave para poseer una parte de la economía americana.

El mercado de valores, a pesar de sus altibajos, como menciona Ravikant, representa una de las formas más accesibles y efectivas para que las personas hagan crecer su dinero a largo plazo. Al invertir en una amplia gama de empresas americanas, las personas se convierten esencialmente en copropietarios de estos negocios, beneficiándose de su crecimiento y éxito.

La filosofía de Ravikant coincide con la idea de que la economía americana, impulsada por la innovación, el espíritu emprendedor y un mercado dinámico, ofrece un gran potencial de crecimiento. Sugiere que al invertir en el mercado de valores, las personas no solo están poniendo su dinero en empresas individuales, sino que también están apostando por el crecimiento y la prosperidad futura de la economía americana en su conjunto.

Por otra parte, destaca el poder del interés compuesto y las estrategias de inversión a largo plazo. Sugiere que al invertir constantemente en el mercado de valores, especialmente a través de fondos indexados de bajo costo, que siguen el rendimiento de todo el mercado, las personas pueden obtener grandes beneficios con el tiempo.

Verdad Nº 9:

Hay que aprender a vender, a desarrollar habilidades *para conectar con las necesidades de tu cliente.*

"Tu habilidad para negociar, comunicar, influenciar y persuadir a otros, es indispensable para todo lo que logras en la vida".

Brian Tracy.

"Una de las habilidades más importantes de la vida es la capacidad de vender. Vender es la habilidad número uno en los negocios. Si no puedes vender, ni te molestes en pensar en convertirte en dueño de un negocio".

Robert Kiyosaki.

"La forma más rápida de generar ingresos es vendiendo".

La siguiente frase es tan simple como tan profunda: "cuanto más vendes, más ganas". Cuanto mejor te vuelves vendiendo, mejor es tu ingreso. Ningún negocio puede sobrevivir sin ventas. No hay otra herramienta más poderosa para impulsar o elevar tu crecimiento financiero que aprender a vender.

"Estamos vendiendo en todo momento". Siempre estamos vendiendo en casa, en el trabajo, en la universidad, en las reuniones sociales. Vender es un aspecto fundamental, tanto de nuestra vida personal como profesional.

En el mundo profesional, un maestro vende el valor de la educación a los estudiantes, un abogado vende su argumento a un jurado, un médico vende la importancia de un plan de tratamiento a un paciente. A nivel ejecutivo, los líderes venden su visión y estrategia a empleados y accionistas para inspirarlos y motivarlos hacia objetivos comunes.

Constantemente estamos vendiendo nuestras habilidades, experiencias y valores a nuestro entorno: empleadores, clientes, prestadores de servicio, etcétera. Las entrevistas de trabajo, eventos de networking y presentaciones profesionales, son todos contextos donde nuestra capacidad para vendernos eficazmente se vuelve crucial para el éxito.

Los padres vendemos la importancia de una alimentación saludable a nuestros hijos. Vendemos a nuestras parejas ideas para destinos de vacaciones, películas o elecciones de restaurantes. Estas interacciones cotidianas involucran elementos de persuasión y negociación, componentes fundamentales de la venta.

El aspecto personal de la venta se extiende a la autopresentación y las interacciones sociales. Cómo nos presentamos, las historias que contamos a otros sobre nuestras vidas y la forma en que expresamos nuestras opiniones y creencias, son todas formas de venta.

Aunque puedes dudarlo, la verdad es que la habilidad para vender aumenta o disminuye tu capacidad para conectar con otros, construir relaciones y lograr metas personales.

Si eres como aquellos que rechazan las palabras "venta" o "vender", te digo que no solo se relacionan con una transacción y un beneficio económico, sino que están presentes en nuestra vida diaria, tanto a nivel personal como profesional.

Desafortunadamente, la venta a menudo tiene una connotación negativa en la mente de muchas personas. Una de las razones principales radica en las prácticas comerciales históricas y los estereotipos.

A veces, las técnicas de venta tradicionales enfatizan tácticas agresivas, con un enfoque en cerrar tratos, independientemente de las necesidades o intereses del cliente. Este enfoque llevó a una visión generalizada de los vendedores como insistentes, manipuladores y únicamente interesados en su propio beneficio, en lugar del bienestar del cliente.

Estos estereotipos se han mantenido en los medios de comunicación y la cultura popular, a menudo retratando a los vendedores de manera negativa. Los personajes de películas o libros, representados como engañosos, excesivamente agresivos o poco éticos en sus tácticas, han arraigado aún más una imagen negativa de la venta en el público.

Otro factor que contribuye a la percepción negativa de la venta es una mala comprensión de su verdadera naturaleza. Muchas personas la ven como un acto unilateral, donde el vendedor se beneficia a expensas del comprador. Este punto de vista pasa por alto el potencial de la venta como un intercambio mutuamente beneficioso, donde ambas partes obtienen valor.

Miedo al rechazo

El arte de vender, vital tanto en el ámbito personal como profesional, frecuentemente viene con su propio conjunto de obstáculos, entre los cuales destaca, en primer lugar, el miedo al rechazo. Este temor puede impedir a las personas participar efectivamente en actividades de venta, obstaculizando tanto el crecimiento personal como el éxito profesional.

La mayoría de las personas anticipan o experimentan miedo a un posible rechazo por parte de un cliente. Hay personas que viven el rechazo, el "no" de un cliente como o un fracaso personal o un reflejo de falta de preparación y habilidades, lo que puede afectar su desarrollo profesional e incluso el personal.

Superar ese miedo es esencial para nuestro éxito con el dinero y las finanzas personales, porque vender es parte clave en la construcción de la prosperidad y abundancia y elemento esencial para ayudar a otros..

Entonces, ¿cómo superas el miedo al rechazo?

Cambia la perspectiva: entender que el rechazo en las ventas no es personal, sino más bien parte del proceso. Es crucial. Se trata del ajuste entre el producto y las necesidades del cliente, no un juicio sobre el valor del vendedor.

Acepta: aceptar el rechazo como parte inevitable del proceso de ventas y aprender de cada experiencia, es una habilidad emocional. Los grandes vendedores ven cada rechazo como una oportunidad para ampliar su conocimiento y desarrollar nuevas habilidades y practicar de manera constante.

Tómalo como una experiencia: enfatizar la importancia de una mentalidad de crecimiento también es vital. Concéntrate en desarrollar tus conocimientos y habilidades en venta, independientemente de que seas empleado o empresario. Con práctica y tiempo, mejorarán las habilidades en ventas y, como resultado, significativamente tus ingresos.

Busca un grupo de apoyo: rodéate de personas que quieran aumentar sus ingresos y su negocio. Gente convencida de que, para obtener los resultados deseados, debe mejorar sus habilidades en venta. Este enfoque te permitirá hablar sobre tus experiencias y aprender de otros.

Busca cursos: desarrollar tus habilidades de venta es un proceso infinito. Invierte en cursos como, por ejemplo, los que ofrece nuestra empresa. Ve a www.montielorganization.com y encuentra los diferentes contenidos que hemos desarrollado durante los últimos 25 años.

Crecimiento personal y profesional: más allá de los beneficios financieros directos, dominar el arte de vender tiene grandes beneficios para el desarrollo personal y profesional. Las habilidades en venta están estrechamente vinculadas con la comunicación efectiva, la inteligencia emocional y la capacidad de empatizar con los demás.

Estas habilidades son aplicables a todos los aspectos de la vida y pueden conducir a mejores relaciones, capacidades de liderazgo y resolución de conflictos.

La capacidad de vender es, de hecho, la habilidad más crítica para cualquiera que aspire a ser dueño de negocio, emprendedor exitoso o a tener un mejor lugar en la compañía para la que trabaja, independientemente del puesto al que aspire. Aprender a vender no se trata solo del éxito empresarial, sino de crear un futuro mejor para ti mismo y para los demás.

Si piensas en las personas más exitosas financieramente a nivel mundial, sin duda, entre ellas encontrarás a empresarios como:

Elon Musk

Considerado por muchos como el "vendedor número 1" de nuestra era. Su exposición en los medios publicitarios es incomparable, su imagen aparece constantemente y él, personalmente, se encarga de los lanzamientos de todos sus productos.

Jeff Bezos

Fundador de Amazon, logró atraer inversionistas para crear lo que hoy es uno de los imperios económicos más grandes del planeta. Bezos advirtió a sus primeros socios que la empresa no generaría ganancias durante sus primeros años, demostrando una visión a largo plazo. En otras palabras, vendió la idea de un crecimiento a largo plazo, de algo con gran posibilidad de retornos exponenciales, independientemente de la arriesgada inversión.

Steve *Jobs*

Cofundador de Apple, es considerado por muchos como el "vendedor número 1" de todos los tiempos. Se destaca su capacidad de crear, no solo usuarios de sus productos, sino fans que adoptaron la marca como un estilo de vida. Esto demuestra la capacidad de Jobs de vender la idea de que sus productos eran superiores.

Warren *Buffett*

Convenció a numerosos inversionistas para que confiaran en él y le entregaran miles de millones de dólares para invertir.

Si lees la historia de estos empresarios exitosos, sabrás cuántas veces tuvieron que tocar puertas, presentar sus ideas y enfrentar rechazos.

La habilidad para vender es crucial en cualquier industria, ya seas empleado o emprendedor. Todo profesional, sea contador, abogado, ingeniero o arquitecto, debe demostrar su valor a los clientes, para que contraten sus servicios. Esto es vender. Incluso, un empleado que busca un aumento de salario o un ascenso, debe mostrar su valor para la empresa. Eso también es vender.

En resumen, la capacidad de vender ideas, productos o servicios es fundamental para el éxito en cualquier campo profesional. Todos, en el fondo, somos vendedores, y el éxito dependerá fundamentalmente del conocimiento y de las habilidades para comunicar.

Verdad N° 10:

Hacerse rico es diferente de mantenerserico.

¿Quieres ganar un millón de dólares o quieres gastar un millón de dólares?

El viaje hacia la riqueza, hacia la prosperidad y abundancia, a menudo se idealiza en nuestra sociedad por un acentuado enfoque en la meta de hacerse rico. Sin embargo, frecuentemente se pasa por alto el aspecto más importante desafiante: "mantener la riqueza, la prosperidad y la abundancia financiera".

Producir y generar riqueza requiere de unas habilidades muy distintas a las que se requieren para preservar la riqueza, la prosperidad y abundancia financiera.

Para producir riqueza se requieren habilidades muy puntuales, que den más valor a los clientes, al empleador. Y también se requiere de capacidad para multiplicar los ingresos como resultado de tu trabajo.

Una vez alcanzada la riqueza deseada, la pregunta clave es ¿cómo hago para preservar lo que con tanto esfuerzo he logrado, sin caer en los extremos más frecuentes: derrochar o imponer hábitos de austeridad extrema por temor a perderla?

Mantener la riqueza exige un cambio de mentalidad; una mentalidad que te lleve a ser cauteloso(a), a adoptar un enfoque realista que implica estar consciente de que los panoramas económicos pueden cambiar, los mercados colapsar y las inversiones fallar.

Preservar la riqueza, la abundancia y la prosperidad significa estar vigilante, evaluar los riesgos con precisión y, a veces, ser lo suficientemente "paranoico" para prepararse ante los peores escenarios. Y, muy importante: desarrollar las habilidades necesarias para dar respuesta inmediata a esos ciclos o etapas muy pocos ventajosos.

*Hay un dicho muy jocoso **que expresa:***

"Para generar riqueza hay que ser muy optimista, *para conservarla hay que ser muy pesimista".*

Como puedes ver, son dos habilidades completamente distintas. El desafío es desarrollar la habilidad de la tercera M —manejo del dinero— y educarte continuamente sobre la gestión financiera.

Verdad Nº 11:

Ahorrar no es un sacrificio, sino una oportunidad.

No es fácil ahorrar, pero es más difícil vivir sin dinero. Los ahorros equivalen a oportunidades. Cuanto más ahorras, más oportunidades tienes. A menudo se percibe el ahorro como una limitación, un mal necesario en la búsqueda de la estabilidad financiera. Sin embargo, aprendí a verlo de una manera completamente diferente. No se trata de una austeridad extrema que te impone una vida de privaciones, sino de descubrir la alegría en la autonomía y las oportunidades que el ahorro presenta.

El primer beneficio del ahorro, y quizás el más inmediato, es la tranquilidad emocional. Reduce el estrés y la ansiedad asociados con las deudas y la incertidumbre económica. Cuando ahorras y vives dentro de tus posibilidades, no estás constantemente persiguiendo el próximo cheque que proviene de tu trabajo, para cubrir deudas o gastos. Puedes crear un colchón financiero que te permite dormir más tranquilo, sin la espera ansiosa del próximo ingreso.

El ahorro intencional

Te invito a que veas el ahorro como lo que realmente es: la oportunidad de crear un beneficio financiero mucho mayor en el futuro, a corto, mediano y largo plazo.

El objetivo es ponerte en una posición que te permita aprovechar las oportunidades, para ti y tu familia. Se trata de entender que cada moneda que ahorras, lo haces con la intención de crear una nueva oportunidad para todos. Yo lo llamo ahorro intencional.

Para las personas con mentalidad de escasez, el ahorro es un sacrificio. Para las que tienen mentalidad de abundancia, es una oportunidad. Guardar dinero para las emergencias no te empodera, te asusta y te limita, impide que progreses financieramente.

Ahorrar con un propósito, el intencional, sí valida el dicho popular: "el ahorro es la base de la riqueza". Del ahorro intencional salen los fondos para futuros proyectos financieros, inversiones, iniciar un negocio, comprar una casa o incluso ir de vacaciones. Aquí está la clave: el acto de ahorrar transforma los sueños y metas futuras… de simples deseos en objetivos alcanzables.

Si aprendes a disfrutar del ahorro, debido a las oportunidades que proporciona y las puertas que abre, en lugar de simplemente "ahorrar por ahorrar y gastar por gastar", ganarás en el juego del dinero. Te lo aseguro. Es un cambio de mentalidad del sacrificio al disfrute.

Cuando se trata de ahorrar más, hay tres estrategias principales: gastar menos, ganar más y combinar ambas. Gastar menos es el enfoque más directo, pero también el más limitado. Se trata de presupuestar y recortar gastos innecesarios. Sin embargo, esto por sí solo a veces puede sentirse restrictivo y no impulsar significativamente el crecimiento financiero.

Ganar más mejorando tus habilidades es un enfoque más dinámico. Se centra en aumentar tu valor en el mercado laboral. A medida que tus habilidades y valor aumentan, también lo hace el potencial de ingresos. Esto, a su vez, facilita exponencialmente tu capacidad de ahorro.

La estrategia más efectiva es combinar ambas: ganar más y gastar inteligentemente. Este enfoque dual no solo aumenta tus ingresos, sino que también asegura que los gastos no aumenten proporcionalmente con tus ganancias.

El ahorro debe verse como una elección estratégica, que trae mucho más que libertad y tranquilidad. Representa oportunidades que ni siquiera puedes imaginar.

¿Cuándo harás tu próxima sesión financiera con tu familia? _____

¿Quién asistirá a la sesión?

_____, _____, _____,

_____, _____, _____.

¿Qué tema abordarás?

_____

_____

_____

Cultivando una mentalidad de abundancia

Fomenta una mentalidad de abundancia en tu familia. Esto significa alejarse del miedo y la escasez, y enfocarse en las oportunidades y el crecimiento. Enseña a tu familia que el dinero es una herramienta para crear valor y que hay abundantes oportunidades para aumentar la riqueza, preparación, la innovación y la inversión inteligente.

Celebra los éxitos financieros juntos, sin importar cuán pequeños sean. Esto refuerza comportamientos financieros positivos y crea un ambiente de apoyo mutuo.

Preparando a la próxima generación

Piensa en tu plan financiero familiar como un legado. Al involucrar a tus hijos en las discusiones y decisiones financieras, los estás preparando para manejar la riqueza familiar en el futuro. Esto es especialmente crucial si tienes un negocio familiar o activos significativos que pasarán a la siguiente generación.

Considera establecer estructuras como fideicomisos familiares o fundaciones que puedan servir como vehículos para la educación financiera y la transferencia de riqueza entre generaciones.

Unión familiar para la prosperidad

Hacer que toda tu familia sea parte de tu plan financiero no solo mejora tus perspectivas de crecimiento de la riqueza, sino que también fortalece los lazos familiares. Crea una cultura de aprendizaje y apoyo mutuo en torno a las finanzas. Recuerda: la riqueza verdadera no se mide solo en términos monetarios, sino también en la fortaleza de las relaciones familiares y la sabiduría financiera que transmites a las generaciones futuras.

Ejercicio de fin de capítulo:

Evalúate del 1-10 (siendo 10 la calificación más alta) en cada una de las siguientes categorías:

- ¿Estás incluyendo a tu familia en tu plan financiero?
○○○○○○○○○○

- ¿Enseñas los conceptos básicos a tus hijos desde una edad temprana ?
○○○○○○○○○○

- Hablan sobre el ahorro
○○○○○○○○○○

- Hablan sobre el presupuesto
○○○○○○○○○○

- Hablan sobre cómo generar más ingresos
○○○○○○○○○○

- Abordan cómo crear diferentes fuentes de ingresos e invertir

○○○○○○○○○

- Conduciendo regularmente con tu familia, debates y conversas sobre metas financieras, desafíos y oportunidades

○○○○○○○○○

- ¿Estableces metas compartidas para crear un sentido de propósito común y motivación?

○○○○○○○○○

- Ilustras los conceptos financieros con situaciones de la vida real

○○○○○○○○○

- Si tienes pareja, ¿organizas sesiones regulares de aprendizaje para explorar temas financieros más avanzados?

○○○○○○○○○

- ¿Realizas lecturas sobre finanzas en familia?

○○○○○○○○○

* ¿Fomentas una mentalidad de abundancia en tu familia?

○○○○○○○○○

* ¿Celebras en familia los éxitos financieros?

○○○○○○○○○

* ¿Haces que toda tu familia sea parte de tu plan financiero?

○○○○○○○○○

TODO EMPIEZA CON UNA DECISIÓN:

¡PENSAR EN GRANDE!

¿Y si un simple correo a la semana pudiera cambiar tu vida financiera para siempre?

✉ **Suscríbete GRATIS** *al boletín que ya está ayudando a miles de personas a transformar su economía personal y familiar.*

Cada semana recibirás estrategias prácticas, claras y fáciles de aplicar, como:

Cómo generar más ingresos — incluso si hoy estás comenzando desde cero.

Técnicas de ahorro que sí funcionan, sin sentir que te estás privando de vivir.

Cómo invertir aunque tengas poco dinero, y hacerlo con confianza, no con miedo.

Mejora tu crédito paso a paso, sin complicaciones ni confusiones.

Elimina tus deudas, sin sacrificar tu calidad de vida ni tu tranquilidad mental.

Este boletín no es teoría. Es guía real. Es comunidad. Es tu nuevo comienzo.

Únete ahora escaneando el código o visitando:

riquezaenfamilia.com

Porque **"hacerte rico a ti y a tu familia"** no es un sueño lejano.

Es una decisión diaria con la información correcta.

CAPÍTULO 5

Lamentablemente, el plan financiero promedio suele reducirse a una estrategia simplista: generar más dinero. Si bien aumentar los ingresos es un aspecto esencial de la salud financiera, limitar el plan a simplemente ganar más, refleja el desconocimiento de lo que significa una verdadera planificación financiera para la creación de riqueza, abundancia y prosperidad.

Esta visión tan limitada de "solo necesito ganar más dinero", generalmente conduce al patrón de "solo ganar y gastar", donde los aumentos en los ingresos se igualan con aumentos en los gastos. Esto a menudo se conoce como "inflación por estilo de vida". En pocas palabras, cuanto más ganas, más gastas.

Para lograr estabilidad y libertad financiera, debemos aprender las 4-M del dinero, como pilares fundamentales de una estrategia financiera sólida.

Centrarse solo en generar más ingresos, la segunda de las 4-M, e ignorar a los otros tres pilares, jamás te llevará a lograr el objetivo propuesto de crear riqueza, abundancia y prosperidad.

La desgracia de los ganadores de lotería

Un artículo publicado por el diario USA Today, el 19 de julio de 2023, afirma que un porcentaje significativo de ganadores de lotería se encuentra en peor situación financiera, pocos años después de llevarse el premio gordo. Aunque el porcentaje exacto puede variar, los informes sugieren que aproximadamente un 33% de los ganadores de lotería tienen más probabilidades de declararse en bancarrota dentro de los tres o cinco años siguientes.

Si el porcentaje es exacto o no, es irrelevante. Lo importante es darse cuenta de que, simplemente, ganar más dinero como respuesta a los problemas financieros de cualquier persona, o hacer más dinero como plan financiero, no es suficiente. Es una parte importante, pero no es todo.

Un estudio de las universidades de Pittsburgh, Kentucky y Vanderbilt, investigó en qué medida la recepción de grandes sumas de dinero en efectivo, por la vía de loterías, provoca la quiebra, a corto y largo plazo. Los resultados no dejaron lugar a dudas: "evidencia convincente de que recibir grandes transferencias de efectivo solo permite a las personas posponer la quiebra, en lugar de evitarla".

Una de las causas de la caída financiera de los ganadores de lotería es su falta de conocimiento en el manejo del dinero. A menudo, las personas que adquieren riqueza repentinamente carecen de la experiencia o educación financiera para administrarla y multiplicarla de manera efectiva. Por eso es tan importante que desarrolles tus habilidades en las 4-M del dinero: mentalidad, más ingresos, manejarlos mejor y multiplicarlos.

Primera "M" del dinero: *mentalidad*

Hablar de mentalidad es resaltar la importancia de reconocer cuál es tu patrón de pensamientos en relación con el dinero y la prosperidad. Estas formas de pensar te acercan o alejan de la prosperidad. Los patrones, por lo general, se aprenden en el entorno familiar, escolar y social.

Hay dos patrones de **pensamientos:**

Patrón de pensamientos de escasez y carencia:

Te enfoca en la escasez, en el miedo y en el "yo no merezco" o "no puedo". Aquí abundan los juicios en contra de los ricos, se generalizan conductas negativas y se estigmatiza el hecho de tener prosperidad y abundancia.

Patrón de pensamientos de prosperidad y abundancia:

Te enfoca en las oportunidades y en tu potencial, y orienta hacia las metas financieras.

Veamos algunas características comunes que he observado, en estos más de 20 años de experiencia como asesor y coach financiero, en personas con patrones de pensamientos de escasez:

- Experimentan miedo y ansiedad constantes, especialmente sobre el dinero.

- Creen que los recursos y oportunidades son limitados.

- No tienen educación financiera.

- Evitan tomar riesgos y buscar nuevas oportunidades.

- Tienden a acumular recursos por miedo, no para crear oportunidades de crecimiento.

- Tienen dificultad para invertir en sí mismos y en su desarrollo profesional.

- Se mantienen en su zona de confort, evitando el crecimiento.

Esta mentalidad de escasez puede ser un obstáculo muy importante para el crecimiento personal y profesional. También, dentro de ese grupo de personas con pensamientos de escasez, he visto a las que se han educado financieramente y han logrado construir un patrimonio importante, pero llevan sus finanzas con criterios de "economía de guerra":

- Ven el dinero con temor. Tienen miedo a perderlo.

- Ven el dinero como un recurso poco renovable.

- Invierten tiempo para ahorrar dinero, en lugar de invertir dinero para ahorrar tiempo.

- Son extremadamente austeros y se sienten orgullosos de ello.

- No les entusiasma crear un futuro mejor para sí y para su familia.

- Su educación financiera se orienta, generalmente, en el ahorro, y no en la multiplicación.

- No tener "permiso" para disfrutar lo que se ha logrado con tanto esfuerzo, es otra característica de la mentalidad de escasez y carencia.

El otro lado de la acera

Por su parte, el patrón de pensamientos de riqueza y prosperidad es totalmente opuesto. Te enfoca en la búsqueda del conocimiento y las habilidades que se requieren, para construir y disfrutar de un futuro financiero próspero.

Veamos algunas características comunes de las personas con patrones de riqueza y prosperidad:

- Rechazan el conformismo.

- Sus acciones se dirigen hacia el crecimiento y la transformación personal y profesional, mediante el estudio y el desarrollo de las habilidades.

- Ven el dinero como un recurso que se hace renovable a través del conocimiento, las habilidades correctas y la disciplina en su manejo y multiplicación.

- Invierten dinero para ahorrar tiempo.

- Confían en su capacidad para aprender y desarrollar habilidades para generar más ingresos, manejarlos cada vez mejor, multiplicarlos y definitivamente disfrutarlo, con el propósito de lograr la vida plena que tanto desean.

- Disfrutan el dinero, crean experiencias (viajes, celebraciones, estudios con los mejores y en las mejores instituciones, entre otras lindas experiencias), para ellos, su familia y el entorno.

Ahora bien, ¿es posible la transición entre mentalidades?

El cambio de una mentalidad a otra requiere del desarrollo de tus habilidades en las 4-M del dinero y buscar un entorno que facilite el proceso.

Te invito a reflexionar:

Tu mentalidad o patrón de pensamientos, ¿te aleja o acerca al dinero y la prosperidad?

Ahora es el momento de observar si te identificas con los pensamientos limitantes.

15 creencias o pensamientos *limitantes sobre el dinero*

Superar pensamientos limitantes con respecto al dinero es un requisito fundamental para conectar con el conocimiento, las estrategias y las habilidades necesarias para tomar acción y mejorar tu situación financiera.

Aquí te presento algunos ejemplos de patrones de pensamientos de escasez, que podrían afectar negativamente la construcción de tu prosperidad económica:

1. "El dinero no compra la felicidad"

¿Alguna vez has escuchado algo así? ¿Es que no te alegras cuando recibes el salario, una comisión importante o unos dividendos? ¿Nunca has tenido la hermosa experiencia de sorprender a un ser querido con un regalo que le sacó lágrimas de alegría? ¡Seguro que sí! Claro que sí ¡Esa emoción de alegría es felicidad!

¿Significa esto que el dinero es la única clave para la felicidad? Por supuesto que no. La salud, las relaciones y la satisfacción profesional son muy importantes; pero negar que el dinero contribuye a la felicidad es simplemente un prejuicio.

"El dinero no es la única respuesta, pero marca la diferencia".

Barack Obama.

Responde con sinceridad *esta pregunta:*

¿Crees que el dinero da felicidad? Sí___ No___

Si respondiste "no", considera lo siguiente:

¿Harías o no el esfuerzo para generar más ingresos si piensas que el dinero no te hará mas feliz?

Piensa: ¿cómo puedes motivarte a ganar más si crees que el dinero no te hará feliz?

¿Acaso la falta de dinero te hará feliz?

¿Qué tan feliz te sientes cuando ves la emoción de un ser querido abriendo un regalo tuyo?

¿Qué tan feliz serías si pudieras sorprender a tus padres con unas vacaciones increíbles?

¿Qué tal llevar a tu familia a un destino asombroso?

¿Alguna de esas de esas cosas te haría feliz?

Ante el dilema que algunos se plantean —ser buena persona o financieramente exitoso—, te pregunto: ¿qué pasaría si pudieras ser una gran persona y además tener mucho dinero? ¿Cuánto impacto podrías generar en ti, tu familia y el entorno?

Es momento de empezar a cambiar la mentalidad de escasez por una mentalidad de prosperidad. Y el primer paso para cambiar tu patrón de pensamientos de escasez, es estar atento a "la historia que te cuentas".

Cuidado con lo que te dices a ti mismo. Si repites el mantra de que "el dinero no compra la felicidad", podrías estar cerrándose puertas a oportunidades financieras.

A partir de hoy, te invito a reconocer que:

- El dinero te hace muy feliz.

- No hay nada de malo en ello.

- Ser honesto contigo mismo es muy importante para alcanzar tu prosperidad financiera.

- Si tu meta es generar más y más ingresos, debes admitirlo como algo muy positivo.

Recuerda ser sincero con tus metas financieras, porque es el primer paso para alcanzarlas. ¡No te limites con creencias que frenan! Desde hoy, no tengas miedo en admitir que el dinero te hace feliz, muy feliz.

Para reflexionar:

Haz una lista de tres cosas materiales que el dinero brindaría a:

Ti mismo

- _____
- _____
- _____

Tus seres queridos:

- _____
- _____
- _____

Un amigo o conocido a quien puedas brindar ayuda:

- _____
- _____
- _____

Cierro "el dinero no compra la felicidad", el primer patrón de pensamiento de carencia y escasez, con esta frase: "No temas ser honesto contigo mismo y reconocer la importancia que tiene el dinero en la construcción de tu felicidad."

2. "El dinero es la causa de todos los males"

¿Alguna vez has oído a alguien decir eso? Es hora de desafiar el mito.

Muchos hemos crecido escuchando que los ricos son "malos". Las noticias, telenovelas, películas, e incluso algunos gobiernos han promovido esta idea. Pero, ¿y si nos han estado contando solo una parte de la historia?

La realidad es que hay personas buenas y malas en todos los niveles económicos. Estoy seguro de que conoces o sabes de muchos ricos buenos y malos, como también de muchos pobres de similares condiciones. El dinero no determina la moral de una persona. Lo que sí determina es su capacidad para generar impacto.

Piensa en las contribuciones de personas adineradas:

- Construcción de escuelas y universidades.

- Financiamiento de investigaciones médicas.

- Creación de empleos para millones de personas.

- Apoyo a causas benéficas a gran escala.

¿Acaso no son estas acciones dignas de admiración? ¿Qué harías tú si tuvieras más dinero?

Recuerda: el dinero es solo una herramienta. Úsala para crecer personal y profesionalmente y ¡no temas aspirar a más y hacer el bien en el proceso!

3. "Más dinero, más problemas"

Esta frase que he escuchado muchas veces en distintos entornos familiares y entre conocidos y amigos, me sorprende y causa mucha gracia. No encuentro la lógica. Solo un patrón de pensamiento de escasez es capaz de llegar a esa conclusión.

Primero, ¿cómo sabes que más dinero te traerá más problemas? ¿Alguna vez tuviste tanto dinero que terminaste experimentando situaciones complicadas? ¿Qué tipo de suposición es esa? ¿Te das cuenta de lo absurdo que suena? ¡Son barreras mentales impuestas culturalmente!

Segundo, ¿alguna vez has escuchado a una persona rica decir "el dinero me trajo tantos problemas que tuve que regalarlo todo"? ¿Cuándo fue la última vez que oíste hablar de un millonario que regaló toda su fortuna, porque le creaba demasiados problemas?

El dinero es una de las herramientas más importantes para alcanzar la vida de tus sueños y tener calidad de vida. ¿Estoy diciendo que es lo único importante? Por supuesto que no, pero no hay duda de que es muy importante.

Cuanto más dinero tienes, más estabilidad, libertad y comodidad consigues, y a más personas puedes ayudar. Tener prosperidad financiera influye en tu estado de ánimo, en las oportunidades para disfrutar de una mejor calidad de vida. Esto, a través de la creación de experiencias que te alegren, a ti y a tu familia, y que permitan también el crecimiento personal. Nada de eso me suena a problema. ¿A ti?

Reflexiona: ¿los problemas relacionados con el dinero surgen del dinero o de los patrones de pensamientos limitantes aprendidos en tu entorno?

_____

_____

_____

_____

_____

_____

_____

_____

_____

_____

_____

_____

4.

"Tienes que trabajar duro para ganar más dinero"

Trabajar duro no es una ventaja competitiva, porque la mayoría de las personas que trabajan lo hacen a diario. La diferencia no está en trabajar duro, sino en las habilidades que la persona tiene.

Para las personas con mentalidad o pensamientos de escasez, trabajar duro significa un esfuerzo y utilización del tiempo, sin ninguna estructura, sin metodología, sin desarrollar nuevos conocimientos y habilidades, para que el trabajo duro rinda muchos más frutos.

Las personas con mentalidad de prosperidad y abundancia entienden que el conocimiento y desarrollo de habilidades adecuadas, son determinantes para lograr resultados económicos mucho más favorables que las personas que solo trabajan duro.

Para demostrar que son las habilidades, más que el

trabajo duro, lo que realmente importa, te doy este ejemplo: supongamos que dos personas trabajan 40 horas a la semana. Una gana $100.000 y la otra un millón de dólares. La diferencia entre ambas está en sus capacidades y habilidades.

La persona que gana un millón no puede trabajar diez veces más que la que gana $100.000 con 40 horas por semana. Es decir, es imposible trabajar 400 horas a la semana. Como puedes ver, todo se trata de las habilidades.

Mi sugerencia para ti, si realmente quieres generar más ingresos: enfócate en desarrollar las habilidades necesarias para lograr el objetivo que con ese trabajo persigues.

5. "No soy bueno con el dinero"

Creer que no eres bueno con el dinero puede convertirse en una profecía autocumplida. Esa mentalidad impedirá que desarrolles las habilidades necesarias para alcanzar la prosperidad.

Por esta razón, sobre la base de mi experiencia personal y profesional, voy a compartirte que el dinero es una habilidad que:

- Se puede adquirir.

- Requiere estudio, *práctica y constancia.*

A través de las 4-M del dinero podrás adquirir las habilidades necesarias para ser muy bueno con tus finanzas.

Mentalidad: desarrollo de habilidades para fortalecer tus pensamientos de prosperidad y abundancia.

Más ingresos: desarrollo de habilidades para generar más y mejores ingresos.

Manejar: desarrollo de habilidades para manejar mejor tus ingresos.

Multiplicar: desarrollo de habilidades para multiplicar tus ingresos.

Y, como complemento, para llegar a ser tan bueno como te lo propongas, te sugiero reforzar las habilidades financieras a través de:

- Lecturas de libros especializados, cursos, asistencia a seminarios sobre finanzas personales.

- La relación y aprendizaje con personas que han alcanzado el éxito financiero.

- Definir tus objetivos financieros claramente y trabajar hacia ellos.

Debes cambiar tu narrativa interna desde el "no puedo" al "aún no he aprendido". Adopta siempre una mentalidad de prosperidad y abundancia y reconoce y celebra tu progreso, por mínimo que sea. Además, aprende de los errores y mira los fallos como oportunidades de aprendizaje.

Ser "bueno con el dinero" no es un talento innato, sino una habilidad que se puede desarrollar, al cambiar tu mentalidad y comprometerte con el aprendizaje continuo. No te limites con la creencia de que no eres bueno con el dinero. En su lugar, pregúntate: "¿qué puedo aprender para mejorar mis habilidades con respecto al dinero?".

6.

"Los ricos son codiciosos y egoístas"

Esta creencia no refleja toda la realidad de las personas adineradas. Muchos ricos son generosos y contribuyen significativamente a la sociedad. En realidad, el dinero:

- Representa el valor que aportas a tus clientes, a la industria y al entorno.

- Tiende a potenciar características ya existentes.

- Permite que personas adineradas y generosas realicen grandes aportes a sus comunidades.

Una creencia tan limitante como "los ricos son codiciosos y egoístas" trae consecuencias muy negativas para la expansión financiera personal, familiar y del entorno.

Las personas pueden evitar el éxito financiero por temor a ser etiquetadas negativamente. Otras pueden ver la riqueza como algo malo o inalcanzable. Se pueden desarrollar sentimientos negativos hacia personas adineradas, lo cual limita tus posibilidades de tener un entorno de gente próspera y exitosa, económicamente hablando.

Por tanto, el dinero es solo una herramienta destinada a crear avances y prosperidad, no es bueno ni malo por sí solo, puede usarse para generar impacto positivo a gran escala, y su uso depende de los valores personales.

Con este libro te propongo un cambio de perspectiva:

- Ver la riqueza como indicador de contribución positiva.

- Pensar en grande, permítete aspirar a metas financieras ambiciosas.

- Visualizar cómo la riqueza puede beneficiar a otros.

- Alinear tus objetivos financieros con tus valores personales.

- Buscar modelos positivos, aprender de ricos que son ejemplos de generosidad.

- Usar la riqueza para resolver problemas de la comunidad, porque la generosidad inspira a otros a contribuir.

La creencia de que "los ricos son codiciosos y egoístas", es una generalización perjudicial que limita tu potencial de crecimiento económico. Reconocer que la riqueza puede ser una fuerza para el bien, te permite aspirar a la prosperidad sin comprometer los valores. La verdadera riqueza incluye no solo el éxito financiero, sino también la capacidad de generar un impacto positivo en el mundo.

Recuerda: aspira a ser rico y generoso. La riqueza, cuando se maneja con ética y responsabilidad, puede ser una poderosa herramienta para el cambio positivo.

7. "Nunca hay suficiente dinero"

Que "nunca hay suficiente dinero" es una creencia que pertenece a ese patrón de pensamientos de escasez y pensamientos limitantes que no corresponde con la realidad. La verdad es que hay suficiente dinero en el mundo. Lo que a menudo falta son las habilidades necesarias para obtenerlo. Esta es una realidad muy liberadora, porque dirige tu atención hacia la oportunidad de mejorar y desarrollar las habilidades.

Es importante recordar que el dinero fluye hacia aquellas personas que no solo tienen la intención, sino la capacidad de ayudar a otros. Si, por el contrario, tu vínculo es de escasez, lo más seguro es que creas que el dinero es escaso y difícil de obtener. Por supuesto, esto afectará negativamente tus decisiones y, sobre todo, las acciones para mejorar tu situación financiera.

El éxito financiero no depende de la suerte, sino de las habilidades que posees. Pregúntate: ¿estás trabajando activamente para desarrollar nuevas habilidades que ayuden a crear riqueza y prosperidad?

En lugar de preocuparte, ocúpate en mejorar las habilidades, para aportar más valor a tus clientes o a la empresa para la que trabajas. Si lo haces, nunca tendrás que preocuparte por los ingresos.

Si tienes las habilidades correctas y necesarias, tus posibilidades de crecimiento financiero son incalculables. Tanto en tiempos prósperos como en épocas de crisis, hay personas que logran prosperar.

Te invito a trabajar para debilitar la mentalidad de escasez enfocándote en tu crecimiento profesional, si realmente deseas tener prosperidad y abundancia financiera.

8. "El dinero cambia a las personas para peor"

Muchos temen que la riqueza altere negativamente el carácter o los valores de una persona, lo que les impide buscar el crecimiento financiero. Sin embargo, la verdad es otra: una persona con dinero cambió mucho para obtenerlo. La transformación precede a la riqueza, no a la inversa.

Contrariamente a la creencia popular, no es el dinero lo que cambia a las personas. La evolución personal, los valores y las creencias son los que guían el proceso de crear riqueza y prosperidad. Este cambio comienza mucho antes de que los resultados económicos sean visibles.

El camino hacia la prosperidad financiera está pavimentado con crecimiento personal y profesional. Quienes han logrado una riqueza considerable han experimentado transformaciones profundas. Se diferencian de quienes los rodean y de aquellos que no se han propuesto hacer cambios significativos en sus vidas.

Enfócate en obtener tu merecido éxito financiero, sin miedo. Este camino no solo te hará más rico, sino que te convertirá en una mejor persona y en un mejor profesional. Recuerda: "El dinero no te cambiará, pero el camino hacia él sí, y para mejor.

9. "Necesitas tener dinero para hacer dinero"

No necesariamente necesitas dinero para generar más ingresos. Como he mencionado en repetidas ocasiones, lo que sí necesitas son habilidades. Contrario a la creencia popular, el capital inicial no es necesariamente lo que determina tu capacidad para ganar más dinero, sino más bien las habilidades y el conocimiento que posees. De hecho, sin las habilidades adecuadas, más dinero desaparecerá rápidamente.

Como ejemplo de que no necesitas tener dinero para generar más ingresos, las 10 personas más ricas de Estados Unidos son de primera generación: Elon Musk, Jeff Bezos, Mark Zuckerberg, Larry Ellison, Larry Page, Sergey Brin, Bill Gates, Steve Ballmer y Warren Buffett. Ninguno heredó su fortuna.

Hoy, con la era digital, es muy frecuente escuchar sobre personas que han aprovechado sus habilidades, creatividad y el poder de internet para crear una riqueza sin necesidad de una inversión inicial significativa.

Estas historias de éxito resaltan cómo las habilidades en marketing digital, creación de contenido, desarrollo de software y otras áreas, pueden monetizarse efectivamente. El factor clave en estos éxitos no es la cantidad de dinero con la que comenzaron, sino su capacidad para identificar oportunidades, adaptarse y aplicar sus habilidades de manera innovadora.

Además, la falsa creencia de que uno debe tener dinero para generar mucho más, pasa por alto el potencial de comenzar pequeño y escalar. La mayoría de los emprendedores exitosos empezaron con recursos limitados, pero pudieron hacer crecer sus empresas a través de decisiones estratégicas y trabajo constante. Y lo más importante, una capacidad muy alta de servir a sus clientes y al mercado.

Por otra parte, una gran suma de dinero sin las habilidades necesarias para administrarlo y hacerlo crecer, puede llevarte a perder oportunidades. Hay innumerables ejemplos de personas y negocios que recibieron financiamiento significativo o herencias, pero fallaron en sostener o hacer crecer su riqueza, debido a la falta de habilidades.

En conclusión, aunque tener dinero podría, en muchos casos, facilitar el proceso de ganar más dinero, no es determinante para el éxito financiero. Las habilidades, el conocimiento, la creatividad y la capacidad de aprovechar las oportunidades, son componentes mucho más críticos en la creación de riqueza.

Por lo tanto, el enfoque debería cambiar de acumular capital inicial a desarrollar las habilidades y estrategias necesarias, para un crecimiento financiero sostenible.

10. "Fondo de emergencia"

Nadie quiere vivir una emergencia; no es inspirador ahorrar para utilizar en situaciones penosas. Sin embargo, si cambias el enfoque y creas un fondo de oportunidades, es muy probable que ahorres mucho más y crees más oportunidades para ti mismo, incluyendo la de cubrir cualquier emergencia.

¿Por qué un fondo de oportunidades y no uno de emergencias?

Es mucho más motivador ahorrar para oportunidades que hacerlo para cubrir emergencias. Amplía los horizontes te prepara no solo para imprevistos, sino para oportunidades que pueden cambiar tu vida.

Tiene doble función: cubre emergencias, mientras te permite aprovechar oportunidades únicas.

Por ejemplo:

Invertir en esa idea de negocio que siempre has tenido.

Aprovechar una eventual caída del mercado para comprar activos como maquinarias, acciones, propiedades, negocios, entre otros, a muy buen precio.

Acceso a cursos y entornos que impulsen tu carrera o actividad profesional.

Este cambio de enfoque transforma la tarea obligada del ahorro en una apasionante preparación para el futuro. Es ver el ahorro como una gran alcancía que vas llenando de oportunidades para crear cada vez un mejor futuro. Cada centavo es una nueva oportunidad.

Ahora, responde a estas preguntas:

¿Ya has establecido tu fondo de oportunidades?

_____

Si aún no, ponle fecha para comenzarlo aquí:

_____

Cantidad para comenzar el fondo de oportunidades:

_____

Recuerda: cada dólar ahorrado es un paso hacia un futuro lleno de posibilidades. ¡No esperes más para comenzar tu fondo de oportunidades! No ahorras porque tienes dinero, tienes dinero porque ahorras.

11. "Los ricos se hacen más ricos, los pobres se hacen más pobres"

La creencia de que "los ricos se hacen más ricos y los pobres más pobres", es limitante y contraproducente. En realidad, el éxito financiero está más relacionado con nuestra mentalidad y habilidades que con factores externos.

El éxito financiero no depende de si nacemos ricos o pobres, sino de nuestra disposición para aprender, crecer y adaptarnos. Al enfocarnos en desarrollar habilidades valiosas, mejoramos nuestra situación financiera y también contribuimos positivamente a la economía en general.

Recuerda: el verdadero poder está en tu capacidad de aprendizaje y crecimiento continuo. ¡Invierte en ti mismo y verás los resultados en tu bolsillo!

12. "Mi pareja lleva las finanzas en la casa"

Cuando una persona dice "mi cónyuge maneja las finanzas", está renunciando a una responsabilidad crucial.

Esta actitud puede llevar a:

- Falta de conocimiento sobre la situación financiera familiar.

- Dependencia excesiva de la pareja.

- Riesgo de problemas financieros en caso de separación o fallecimiento.

Delegar toda la responsabilidad a un solo miembro de la pareja no es conveniente para la salud financiera familiar. Por otro lado, compartirla sí conlleva grandes beneficios, como por ejemplo:

Mayor transparencia: ambos miembros de la pareja conocen la situación financiera real.

Toma de decisiones conjuntas: se pueden establecer metas financieras comunes y trabajar juntos para alcanzarlas.

Desarrollo de habilidades financieras: ambos aprenden y mejoran en la gestión del dinero.

Reducción de conflictos: la comunicación abierta sobre finanzas previene malentendidos y discusiones.

¿Cómo lograr una gestión financiera compartida?

Reuniones financieras regulares: programa tiempo para discutir ingresos, gastos y metas financieras.

División de tareas: asigna responsabilidades financieras, según las fortalezas de cada uno, pero manténganse informados mutuamente.

Educación financiera conjunta: aprende junto a tu pareja sobre presupuestos, ahorro e inversiones.

Cuentas transparentes: mantengan cuentas conjuntas o asegúrense de que ambos tengan acceso a la información financiera.

**Una gestión financiera
compartida no solo beneficia a la pareja,
sino también a toda la familia:**

Los hijos aprenden *sobre finanzas responsables.*

Se crea un ambiente de *confianza y cooperación.*

La familia está *mejor preparada para enfrentar desafíos financieros.*

Las finanzas en pareja no deben ser responsabilidad de una sola persona. La gestión compartida fortalece la relación, mejora la salud financiera familiar y prepara a todos para un futuro más seguro. En las finanzas, como en la vida, el trabajo en equipo es clave para el éxito.

13. "Es demasiado caro, no podemos comprarlo"

En lugar de decir que es demasiado caro, pregúntate: "¿Cómo podría comprarlo?". Cuando nos enfrentamos a algo que parece fuera de nuestro alcance financiero, es fácil decir que "es muy costoso".

Sin embargo, si esa es tu mentalidad, ten cuidado, porque por lo general refleja una mentalidad de escasez. En cambio, preguntarse cómo conseguirlo es una simple transformación que abre un mundo de posibilidades. Te lleva a la mentalidad de prosperidad y abundancia, que fomenta la creatividad y te impulsa a buscar soluciones innovadoras para finalmente aumentar tus oportunidades. Te hace más consciente de las opciones disponibles.

Estrategias para comprar lo que quieres:

Evalúa tu presupuesto actual *para determinar otras áreas donde puedes ahorrar.*

Busca ingresos adicionales, *explora trabajos secundarios o freelance.*

Negocia precios, aprende a no temer preguntar *por descuentos o mejores condiciones.*

Ahorra con un propósito, *lo que te permitirá establecer metas específicas.*

Busca opciones más asequibles *o versiones similares.*

Este es uno de los ejercicios mas inspiradores que hago, porque me ayuda a obtener lo que quiero, a desarrollar mi creatividad y a dar más valor a mis clientes. Siempre que quiero algo que se sale de mi presupuesto, me pregunto qué podría brindar a mis clientes que los ayude tanto, que quieran intercambiar mi producto o servicio por su dinero.

Te invito a desarrollar este hábito. No sabes cuánto te ayudará a obtener lo que antes no podías comprar y, lo más importante, a brindar mucho mas valor a tus clientes.

Cambiar de "es demasiado caro" a "¿cómo puedo comprarlo?", tiene como propósito ir más allá de adquirir cosas. Se trata de desarrollar una mentalidad que te empodere para alcanzar las metas financieras y personales. Recuerda: los obstáculos financieros son oportunidades para crecer, aprender y mejorar tu situación económica.

14. "El dinero no es tan importante"

Si el dinero no es tan importante, ¿por qué trabajar más de ocho horas al día y cobrar por ello?

Muchas personas dicen que el dinero no es importante, pero sus acciones demuestran lo contrario. Esta contradicción revela una relación complicada con el dinero, que se debe revisar, porque tiene gran impacto para el manejo de las finanzas personales y el crecimiento económico.

¿Cómo alcanzar y lograr algo que para ti no es importante? Mientras el dinero "no sea importante" para ti, tus metas de prosperidad y abundancia serán inalcanzables.

No he dicho que el dinero sea lo único importante, sino que el dinero es muy importante. ¿Qué interés puedes tener en desarrollar habilidades para lograr algo que para ti no es importante?

El solo hecho de aceptar y dar la bienvenida a la idea de que el dinero es importante, incrementa las probabilidades de obtenerlo.

El dinero:

- No es el único indicador de éxito, pero es muy importante.

- Debe verse como una herramienta para alcanzar metas.

- Te da seguridad financiera y satisfacción personal.

Es muy importante que:

- Reconozcas abiertamente la importancia del dinero en tu vida.

- Asumas el control de tus finanzas personales.

- Establezcas metas financieras claras y trabajar hacia ellas.

- Te eduques y desarrolles habilidades financieras de manera continua.

Reconocer su importancia no significa obsesionarse con la riqueza, sino entender su valor como herramienta para alcanzar metas y mejorar la calidad de vida. La clave está en desarrollar una relación saludable con el dinero, basada en la educación financiera y en una comprensión clara de tus valores y prioridades.

15.   "Soy pobre, pero honesto"

¿No preferirías ser rico y honesto? Muchas personas creen que estas dos variables se excluyen mutuamente. La creencia se ve reflejada claramente en una mentalidad de escasez. ¿Acaso todas las personas ricas son deshonestas y todas las pobres son honestas?

Como bien sabes, existen muchísimos ricos y pobres buenos, como también muchos ricos y pobres malos. La diferencia no está en el dinero. Está en la persona.

Enfócate en convertirte en una persona rica y honesta. La verdadera riqueza incluye tanto el bienestar financiero como la integridad moral. Al aspirar a ambos, puedes crear una vida próspera y significativa, contribuyendo positivamente a la comunidad y al mundo en general

Ejercicios:

1. Anota las 3-5 creencias limitantes más comunes que hayas escuchado de las personas a tu alrededor.

- _____
- _____
- _____
- _____
- _____

2. Discute estas creencias limitantes con tu familia y amigos más cercanos.

3. Pregúntales cuáles son las creencias limitantes más comunes que han escuchado.

- _____
- _____
- _____
- _____
- _____

CAPÍTULO 6

LAS 4-M
DEL DINERO:

CÓMO GENERAR MÁS INGRESOS

La razón por la que una persona gana $100.000 al año es porque no sabe cómo ganar $1.000.000.

¿Alguna vez te has preguntado por qué algunas personas ganan mucho más que otras? La respuesta no está en trabajar más duro, sino en tener las habilidades de mayor valor para la empresa o los clientes que sirves, y que estos estén dispuestos a pagar más por obtener un beneficio mayor.

Olvídate de la tradicional frase "el trabajo duro es la clave del éxito". El esfuerzo es importante, sí, pero no es lo único que cuenta. Las habilidades correctas son las que cuentan para crear riqueza y prosperidad.

Por más de 25 años me he dedicado a estudiar el tema de cómo generar más ingresos. He encontrado que las personas capaces de generar altos ingresos se enfocan en desarrollar lo que llamo los cinco pilares de la prosperidad y abundancia:

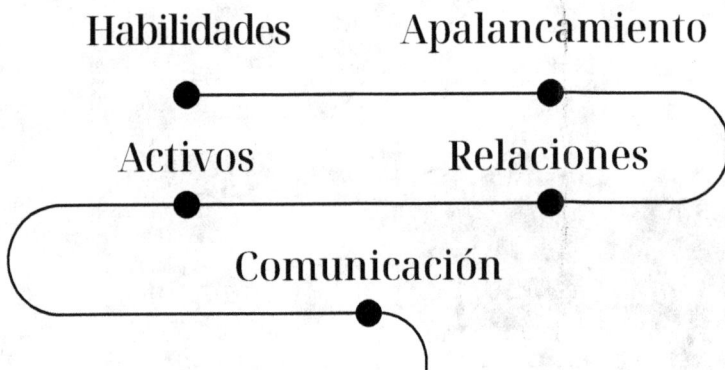

Habilidades   Apalancamiento

Activos   Relaciones

Comunicación

5 *Pilares de la* **prosperidad y abundancia**

Presta mucha atención, porque con estos cinco pilares podrás generar mucho más ingresos, con mucho menos esfuerzo. Veamos en qué consiste cada uno:

Habilidades:

Las habilidades son la base para incrementar tus ingresos. Enfócate en desarrollar las que el mercado demanda y está dispuesto a pagar bien. No se trata del negocio en el que te encuentres, ni en la industria en la que te desempeñas, sino de tus habilidades y del valor que aportas.

La clave del éxito es desarrollar habilidades y no perseguir el dinero, pues el dinero es el resultado del valor que creas.

Mejores habilidades = Más valor = Mayores ingresos

La falta de dinero no es el problema, sino la falta de habilidades. Recuerda: tu ingreso crecerá a medida que aumentas tu valor; tu valor crecerá a medida que crezca tu contribución, y tu contribución crecerá a medida que crezcan tus habilidades.

"Una inversión en conocimiento paga el mejor interés".

- Benjamin Franklin

Tengo mi propia versión de la frase de Franklin: **"La inversión en el desarrollo de tus habilidades es la que genera el mayor retorno".**

"Los ingresos rara vez superan el desarrollo personal".

Jim Rohn

Del 1-10, siendo 10 la calificación ideal, qué puntaje te darías con respecto a tus habilidades:

◯◯◯◯◯◯◯◯◯◯

Reflexiona y actúa, *responde estas preguntas clave:*

¿Qué habilidad aumentará tus ingresos más rápidamente?

_____

_____

_____

_____

Identifica 2 o 3 habilidades en las que te quieres enfocar en los próximos 90 días:

- _____
- _____
- _____

¿Qué tan indispensable eres?

_____

_____

_____

_____

Califícate del 1 al 10 en cada aspecto:

- Claridad de las necesidades de tu cliente:
○○○○○○○○○

- Calidad de tu producto o servicio:
○○○○○○○○○

- Confianza que los clientes tienen en ti:
○○○○○○○○○

- Nivel de experiencia que ofreces:
○○○○○○○○○

- Habilidad para resolver problemas de tus clientes:
○○○○○○○○○

Preguntas clave para tu éxito:

- ¿Quién es mi cliente ideal?

_____

_____

- ¿Cómo puedo ayudar a mi audiencia hoy?

_____

_____

_____

¿Qué canales puedo usar para aumentar mi audiencia?

_____

_____

Elige los tres canales principales para empezar ahora:

- _____
- _____
- _____

Si trabajas para una empresa, tu cliente principal es tu jefe, la compañía para la que trabajas. Recuerda: la autoevaluación honesta es el primer paso hacia la mejora continua y el éxito.

Visita www.montielorganization.com para más información sobre cómo mejorar tus habilidades para generar más ingresos.

Apalancamiento:

El apalancamiento multiplica tus esfuerzos e ingresos. ¿Qué es? ¿Cuáles son sus dimensiones?

Apalancamiento financiero: utilizar el dinero de otros (préstamos, inversores) para hacer crecer tu negocio o inversiones, pero con precaución.

Apalancamiento tecnológico: utilizar herramientas y software para automatizar actividades y aumentar la productividad.

Apalancamiento de tiempo: delegar la mayor cantidad de actividades y enfocarte en las que generen el mayor retorno para ti y para tu negocio.

Del 1-10, siendo 10 la calificación ideal, ¿qué puntaje te darías con respecto a tus relaciones estratégicas?

○○○○○○○○○○

¿Cómo podrías apalancar tus recursos actuales en términos financieros, tecnológicos y de tiempo?

_____

_____

_____

_____

_____

_____

_____

Relaciones:

Las relaciones son fundamentales para el éxito financiero. ¿Cómo se construyen?

Networking estratégico: construye una red de contactos valiosos en tu industria. Las oportunidades a menudo vienen a través de conexiones.

Colaboraciones: busca alianzas y proyectos conjuntos que beneficien a ambas partes.

Mentoría: encuentra mentores que puedan guiarte y acelerarte hacia tus metas financieras.

Servicio al cliente: cultiva relaciones sólidas con tus clientes para fomentar la lealtad y las recomendaciones.

Del 1-10, siendo 10 la calificación ideal, ¿qué puntaje te darías con respecto a la cantidad de tus activos y cuánto te están generando?

○○○○○○○○○○

Nombra tres personas que podrían ayudarte a impulsar tu éxito financiero:

- _____
- _____
- _____

Activos:

Los activos generan ingresos pasivos y construyen riqueza a largo plazo.

Bienes raíces: invierte en propiedades para alquilar o revalorizar.

Acciones y fondos: construye un portafolio diversificado de inversiones en el mercado de valores.

Negocios: crea o invierte en negocios que generen flujo de efectivo.

Propiedad intelectual: desarrolla patentes, marcas o contenido que genere regalías.

Activos digitales: crea blogs, canales de YouTube o aplicaciones que generen ingresos pasivos.

Del 1-10, siendo 10 la calificación ideal, qué puntaje te darías con respecto a la cantidad de tus activos y cuánto te están generando?

○○○○○○○○○○

¿Qué activo podrías empezar a construir hoy?

_____

_____

_____

_____

_____

_____

Comunicación:

La comunicación es el quinto pilar de la prosperidad y abundancia. A lo largo de mi experiencia, he comprobado que es clave para el éxito en todos los aspectos de la vida. Ya sea que busques mejorar las finanzas, avanzar en la carrera o mantener excelentes relaciones interpersonales, la comunicación efectiva es esencial.

Expresar tus ideas con claridad no solo muestra tu valor, sino que también te conecta con personas que pueden ayudarte a crecer o a quienes puedes inspirar y ayudar. Sin esta habilidad, es difícil que otros reconozcan la importancia de lo que haces.

La comunicación efectiva marca un antes y un después en tu vida personal y profesional. Tu capacidad para comunicar valor es fundamental para el éxito financiero e impulsar el negocio o carrera. En resumen, dominar esta habilidad te abre puertas y crea oportunidades que, de otra manera, podrían pasar desapercibidas.

Veamos cómo, en el mundo de los negocios, personas como Jeff Bezos, Elon Musk, Steve Jobs, entre otros, alcanzaron altos niveles de éxito por su habilidad de comunicar de manera convincente.

Jeff Bezos, por ejemplo, fue capaz de ganarse la confianza de muchas personas para invertir en Amazon desde sus comienzos, sin garantizarles resultados y que, en caso de tenerlos, habría que esperar unos cuantos años.

Elon Musk, la cara visible de Tesla, tiene la habilidad de conectar y convencer a sus clientes que con sus productos tendrán un mejor futuro.

Steve Jobs fue quizás el mejor comunicador del siglo XXI, un visionario que logró que todos creyeran en Apple. Su habilidad para comunicar logró transformar la industria de la tecnología e impactó el planeta.

Oprah Winfrey no solo vendió su marca personal. Su éxito en comunicar su mensaje al mundo entero, la hace hoy una de las mujeres con mayor valor personal, profesional y financiero.

El Dr. Oz fue el médico que trascendió el consultorio. Su éxito se basa en su capacidad para traducir conocimientos médicos complejos en información accesible para el público general.

Estos titanes nos enseñan que la verdadera influencia nace de la capacidad de crear gran valor y, muy importante, de la gran habilidad de comunicarlo.

En palabras del gran empresario
Naval Ravikant:

"Comunicarse de forma simple y persuasiva *es más valioso que ser un experto".*

Un dato curioso: Warren Buffett considera que un curso de comunicación fue una de sus mejores inversiones.

Tus habilidades te capacitan para incrementar tus ingresos; cuanto mayor sean, mayores serán tus ganancias.

● Tus habilidades te capacitan para incrementar tus ingresos; mientras más las desarrolles, mayores serán tus ingresos.

○ El apalancamiento multiplica el impacto de tus esfuerzos

○ Las relaciones que cultivas te ofrecen nuevas oportunidades

○ Los activos producen ingresos que puedes reinvertir para seguir creciendo

● La habilidad para comunicarte eficazmente te permite transmitir mejor el valor de tus capacidades.

CAPÍTULO 7

LAS 4-M
DEL DINERO:
CÓMO
MANEJARLO

"Tus hábitos valen más que tus ingresos".

El secreto de la abundancia y prosperidad está más en tus hábitos financieros que en tus ingresos. Piénsalo así:

Atletas famosos, artistas de renombre o ganadores de lotería. Todos ellos han tenido mucho dinero, pero muchos terminaron en bancarrota. ¿Por qué? Porque tal vez tenían una mentalidad de escasez que no los llevó a desarrollar las habilidades necesarias para manejar su fortuna.

"O controlas tu dinero, o el dinero te controlará a ti".

T. Harv Eker

Si prestas atención a tu situación financiera actual, probablemente notarás que ha sido como un "sube y baja" durante años, aunque los ingresos hayan mejorado.

Para superar esos altibajos, lo primero que debes hacer es desarrollar los hábitos y habilidades para manejar pequeñas cantidades de dinero. Así podrás administrar adecuadamente sumas más grandes. De lo contrario, es muy probable que el ciclo de "sube y baja" se repita para siempre, sin importar cuánto dinero ganes.

Déjame contarte mi propia experiencia.

Cuando ganaba $2,000 al mes, pensaba: "¡Guau! Si ganara $4.000, todos mis problemas de dinero se resolverían". Pero, cuando llegué a los $4.000 mensuales, ¡los problemas eran los mismos, solo que más grandes!

Esta experiencia me llevó a estudiar el tema del dinero y a convertirme en experto en finanzas personales. Leí cientos de libros, tomé muchos cursos y estudié a las personas más exitosas.

Ahora, te pregunto:

¿Te ha enseñado un experto a manejar el dinero?

¿Aprendiste principios de administración financiera en la escuela?

¿Se hablaba frecuentemente del manejo de dinero en tu casa?

Generalmente, la respuesta a estas tres preguntas es "no". Por esa razón, no es de extrañar que algunas personas trabajen 40 años o más, ganen buenos sueldos y aún así no tengan dinero en sus cuentas bancarias. No es que no ganen lo suficiente, es que nunca les enseñaron a manejarlo.

En una época donde las complejidades financieras aumentan cada día, aprender a manejar el dinero, de manera efectiva, no es solo una habilidad, ¡es una necesidad para asegurar la estabilidad y dirigirte hacia la riqueza y la prosperidad!

En mis décadas de experiencia en finanzas personales, he determinado 11 pasos claves para manejar mejor tu dinero.

1. Determinar tu situación financiera.

2. Establecer metas financieras claras.

3. Elaborar un presupuesto.

4. Construir tu fondo de oportunidades.

5. Eliminar las deudas.

6.Planificar tu jubilación.

7. Empezar a ahorrar.

8. Monitorear y revisar las finanzas regularmente.

9. Educarte sobre finanzas personales.

10. Proteger tu riqueza.

11. Practicar el gasto intencional.

Paso 1 Determinar tu *situación* *financiera*

Comprende tu ingreso total:

Salario: $ _____

Fuentes de
ingresos pasivos: $ _____

Trabajos
secundarios: $ _____

Inversiones: $ _____

INGRESO
TOTAL: $ _____

Determina tus gastos:

Hipoteca/
Alquiler: $ _____

Impuestos sobre
la propiedad: $ _____

Comestibles: $ _____

Entretenimiento: $ _____

Vacaciones: $ _____

Colegios: $ _____

Pago del coche 1: $ _____

Pago del coche 2: $ _____

Seguro del coche: $ _____

Gasolina: $ _____

Seguro de salud: $ _____

Seguro de vida: $ _____

Ropa y útiles
escolares: $ _____

Teléfonos móviles: $ _____

Internet: $ _____

Agua: $ _____

Electricidad: $ _____

Universidad: $ _____

Otros: $ _____

TOTAL
GASTOS: $ _____

Determina tu patrimonio neto:
Calcúlalo restando tus pasivos (deudas) de tus
activos (ahorros, inversiones, propiedades).

Activos:

Cuenta corriente: $ _____

Cuenta de
ahorros: $ _____

Cuenta de
inversión: $ _____

Cuenta de
jubilación: $ _____

Valor de la
vivienda: $ _____

Valor del negocio: $ _____

Otros activos: $ _____

TOTAL
ACTIVOS: $_____

Pasivos:

Tarjetas de
crédito: $_____

Préstamos
estudiantiles: $_____

Hipoteca: $_____

Préstamos
personales: $_____

Otras deudas: $_____

Patrimonio
Neto = Activos -
Pasivos: $_____

TOTAL
PASIVOS: $_____

Paso 2
Establecer metas financieras claras

Metas a corto plazo:

Pueden incluir ahorrar para unas vacaciones, pagar una pequeña deuda, crear un fondo de oportunidades, abrir un nuevo negocio o invertir. Asegúrate de no elegir más de tres metas, y si eliges solo una, ¡mejor aún!

Meta #1: _____   Cantidad: _____

Meta #2: _____   Cantidad: _____

Meta #3: _____   Cantidad: _____

Metas a largo plazo:

Podrían ser ahorrar para la jubilación, comprar una casa o financiar la educación.

Meta #1: _____   Cantidad: _____

Meta #2: _____   Cantidad: _____

Meta #3: _____   Cantidad: _____

Paso3 Elaborar tu presupuesto

Lo sé, crear un presupuesto es aburrido. Pero
mucho más aburrido es no saber a dónde va tu
dinero y no tener control sobre él. No ahorres
lo que te sobra después de gastar; gasta lo que te
sobra después de ahorrar. ¡Es más fácil decirlo que
hacerlo, lo sé! No es fácil ahorrar cuando no tienes
"suficientes" ingresos, ni el hábito, pero es más
difícil vivir sin dinero.

PRESUPUESTO

O Hipoteca/Alquiler: $_____

O Impuestos sobre la
   propiedad: $_____

O Cuotas de
   condominio: $ _____

O Comestibles: $ _____

O Salidas: $ _____

O Vacaciones: $ _____

O Escuela: $ _____

O Pago del coche 1: $ _____

O Pago del coche 2: $ _____

O Seguro del coche: $ _____

O Gasolina: $ _____

O Seguro de salud: $ _____

O Seguro de vida: $ _____

O Ropa y útiles
   escolares: $ _____

O Teléfonos móviles: $ _____

O Internet: $ _____

O Agua: $ _____

O Electricidad: $ _____

O Universidad: $ _____

O Otro: $ _____

O Otro: $ _____

O Otro: $ _____

O Misceláneos: $ _____

Paso 4 Construir tu fondo de oportunidades

En este Paso 4, te propongo una perspectiva diferente acerca de cómo manejar las finanzas personales. Una perspectiva que podría transformar tu enfoque hacia la generación de riqueza y prosperidad, para ti y la familia.

Tradicionalmente, nos han enseñado la importancia de tener un "fondo de emergencia". Sin embargo, este concepto, aunque prudente, puede limitar tu visión.

¿Qué tal si replanteas este enfoque y lo conviertes en algo más ambicioso y lleno de posibilidades?

Te sugiero que, en lugar de enfocarte en crear un fondo de emergencias, consideres crear un fondo de oportunidades. Este cambio de mentalidad no es solo una cuestión de palabras; representa una transformación en cómo percibes y utilizas tus recursos financieros.

Imagina que, en lugar de acumular dinero simplemente para protegerte contra eventualidades negativas, lo haces con la expectativa de aprovechar oportunidades que puedan surgir. Estas podrían ser una inversión inesperada, pero prometedora; un curso especial que potencie significativamente tu carrera, o incluso la posibilidad de iniciar ese emprendimiento que siempre has contemplado.

Este enfoque no solo hace que el proceso de ahorro sea más estimulante, sino que también puede mejorar tu relación con el dinero. Ya no lo verás como una mera herramienta de seguridad, sino como un impulsor para el crecimiento y la expansión de tu riqueza y prosperidad.

Al adoptar esta mentalidad, te posicionas de manera proactiva frente a las oportunidades que el mercado y la vida te puedan presentar. Estarás preparado no solo para resistir las adversidades, sino para aprovechar las circunstancias favorables que puedan surgir.

Te invito a reflexionar sobre cómo este cambio de paradigma podría impulsar tus objetivos de prosperidad y riqueza a largo plazo.

Fondo de emergencias	VS	Fondo de oportunidades:
Mentalidad de miedo		Mentalidad de crecimiento
Tarea aburrida		Emocionante y gratificante
Gastos inesperados		Inversiones, negocios, activos
Temor a usar las reservas (usualmente son de 3-6 meses)		Te apoyas en tus reservas (oscilan entre 12 y18 meses)
Prepararse para lo peor		Aspirar a lo mejor
Ahorro por miedo		Inversión con visión
Dinero estancado		Capital en acción

Mentalidad de escasez	Mentalidad de abundancia
Sobrevivir a las crisis	Conquistar tus metas
Límite de 3-6 meses	Horizonte sin límites
Seguridad paralizante	Riesgo calculado
Proteger lo que tienes	Crear lo que deseas

Enfócate y cultiva la abundancia, no la escasez. Deja atrás la mentalidad del fondo de emergencias y abraza el potencial de un fondo de oportunidades. No te prepares para sobrevivir, prepárate para prosperar. Cada céntimo ahorrado no es una barrera contra el desastre, sino un peldaño hacia tus logros y metas.

Acción: cambia el nombre de tu fondo de emergencia a fondo de oportunidades hoy mismo. ¡Observa cómo cambiará tu actitud hacia el ahorro y cómo aumentará tu cuenta de oportunidades!

¿Qué oportunidades podrías perseguir con tu nuevo fondo?

_____

_____

_____

_____

_____

_____

_____

_____

_____

_____

_____

Mientras muchos "expertos" recomiendan entre 3 y 6 meses de reservas en efectivo, mi experiencia sugiere que un fondo de oportunidades, verdaderamente robusto, requiere entre 12 y 18 meses de liquidez. En otras palabras, si tu presupuesto es de $8.000 mensuales, el fondo debería oscilar entre $96.000 y $144.000 en efectivo.

¿Te has detenido a pensar en la tranquilidad, seguridad y habilidad para aprovechar oportunidades que un fondo de este tamaño permitiría obtener?

El poder del efectivo es clave para el éxito financiero, porque te transforma en un:

Cazador de oportunidades: podrás aprovechar mercados cambiantes y precios bajos.

Negociador implacable: fortalecerás tu posición en transacciones comerciales. Mientras menos necesites la transacción comercial mayor, así será tu exigencia de términos. A diferencia de la persona que la necesita urgentemente, que tendrá que aceptar términos mucho menos favorables.

Maestro del ahorro: puedes obtener descuentos significativos en tus compras. Por lo general, esto sucede si ofreces pagar rápido.

Escudo contra lo inesperado: podrás enfrentar cualquier tormenta financiera con confianza.

Equilibrista de riesgos: podrás compensar inversiones audaces con seguridad líquida. Te permite posponer la inversión, para venderla o ejecutarla en un momento más propicio.

El beneficio supremo trasciende lo material, y tendrás paz mental. Saber que, sin importar las turbulencias económicas del país o negocio, permanecerás financieramente sólido, es el gran tesoro que te regala un fondo de oportunidades robusto.

Obviamente, en países de alta inflación, como los

de América Latina, el ahorro en períodos de 12, 18, 24 meses no tiene sentido, porque en un año el poder adquisitivo de reduce literalmente a nada. Los anteriores consejos sobre ahorro van dirigidos a lectores de lugares con monedas sólidas, como Estados Unidos, la Unión Europea o Japón.

Recuerda:
no se trata solo de ahorrar, sino construir un futuro financiero mucho mas sólido.

Acción:
evalúa tu situación financiera y determina tu *"número mágico"* de reservas.

¿Cuántos meses te darían tranquilidad?

_____

El fondo de oportunidades es tu superpoder financiero. ¡Úsalo sabiamente!

Imagina tener 18-24 meses de reservas en efectivo:

¿Cómo te sentirías?

_____

_____

¿Cómo actuarías?

_____

_____

_____

¿Qué no tolerarías?

_____

_____

_____

¿Qué estándares establecerías para clientes, empleo o negocios?

_____

_____

_____

¿Qué riesgos tomarías?

_____

_____

_____

¿Cómo cambiaría tu estilo de vida?

_____

_____

_____

¿A cuántas personas mandarías para #^%$#$%^...? (Sé que suena muy poco profesional, pero ¿no es verdad?)

_____

_____

_____

Y, para concluir con el Paso 4, te invito a ver El Cafecito Inmobiliario episodio #610, donde hablo sobre la importancia de construir un fondo de oportunidades, en lugar del tradicional fondo de emergencia.

¿Cómo construir un fondo de oportunidades?

Desarrollo del hábito: Comienza con ahorros pequeños y regulares, incluso si son solo $20 semanales.

Automatización: Configura transferencias automáticas a una cuenta de ahorros separada.

Balance: no se trata de ahorrar todo, sino de encontrar un equilibrio entre ahorrar, invertir y disfrutar.

Crecimiento gradual: a medida que aumentan los ingresos, aumenta el porcentaje de ahorro.

Flexibilidad: El fondo de oportunidades permite tomar más riesgos en otras inversiones y negociar mejor en transacciones.

Paso 5 Eliminar tus deudas

"La deuda es como cualquier otra trampa, fácil de caer en ella, pero difícil de salir".

Henry Wheeler Shaw

Deudas buenas	VS	Deudas malas
Educación		Lujos que no puedas pagar en efectivo
Hipotecaria		Carros que no puedas pagar en efectivo
Para hacer crecer tu negocio		Tarjetas de crédito, etcétera

La deuda buena es el combustible de tu crecimiento personal y financiero:

Educación: inversión que transforma tu vida.

Invertir en ti mismo es, sin duda, la inversión más segura, aunque a menudo requiera endeudarte. Piénsalo: millones han financiado su educación universitaria y han cosechado por décadas ingresos que superan con creces la inversión inicial. Cursos, mentorías y grupos de mastermind, aunque en algunos casos impliquen deuda, pueden forjar las habilidades que te llevarán a la solidez financiera. No veas la educación como un gasto, sino como la base de tu riqueza y prosperidad.

Como dice el refrán,

"vacía tu bolsillo en tu mente, y tu mente llenará aún más tus bolsillos".

Hipoteca: construye tu patrimonio ladrillo a ladrillo.

Comprar una propiedad en efectivo te puede parecer inalcanzable, pero una hipoteca puede ser la puerta de entrada al hogar ideal. Más allá de ser un activo que se aprecia, la casa propia te ofrece un retorno emocional y financiero que supera el mero alquiler. Si bien rentar puede ser más conveniente en ciertos casos, ser propietario significa que inviertes en tu futuro con cada pago mensual.

Crecimiento **empresarial:** apalanca tus metas financieras.

En los negocios, el riesgo es inevitable, pero la deuda bien gestionada puede ser tu vía hacia el éxito. Innumerables empresas se han consolidado gracias a préstamos estratégicos, transformando ideas prometedoras en imperios comerciales. En este contexto, la deuda no es una carga, sino un puente hacia tu crecimiento exponencial.

Una deuda mala es aquella que no contribuye a mejorar tu situación financiera a largo plazo y que, generalmente, está asociada al consumo de bienes o servicios de lujo o experiencias suntuosas fuera del momento financiero oportuno. Por lo tanto, no produce beneficios duraderos, ni aumenta tu patrimonio.

No aceptes las deudas de consumo como parte del sistema. No hay nada normal en ello. Te puedo garantizar que ninguna persona con éxito financiero te dirá que obtener deudas de consumo será bueno para tu futuro. Muchas personas adultas, con las que he entrenado en el tema de las finanzas personales, se han arrepentido de haberse endeudado tanto cuando eran más jóvenes.

La deuda de consumo es una de las mayores barreras para crear y mantener la riqueza y la prosperidad. Es la que incluye tarjetas de crédito y estilos de vida no oportunos. La deuda de consumo no planificada no es simplemente una carga financiera, sino una "trampa" que daña tu capacidad de crear riqueza, prosperidad y tener la paz y tranquilidad que se requiere para ser feliz.

El alto costo de pedir prestado: el impacto más evidente e inmediato de la deuda de consumo es el alto costo de pedir prestado. Las tasas de interés, particularmente en las tarjetas de crédito, pueden ser exorbitantemente altas. Esto es exactamente como invertir al revés; en lugar de que el dinero se multiplique a tu favor, se multiplica en tu contra.

Costo-oportunidad: el precio oculto: la deuda de consumo a menudo viene con significativos costos para aprovechar las oportunidades. Cada dólar gastado en el pago de deudas, es un dólar que no se invierte en activos que podrían potencialmente apreciarse o proporcionar ingresos. Con el tiempo, la pérdida de estas oportunidades de inversión puede sumar una cantidad sustancial.

Mayor riesgo de crisis financiera: la deuda de consumo aumenta el riesgo de una crisis financiera personal. Eventos inesperados de la vida, como la pérdida del empleo, enfermedades o una recesión económica global, pueden dejarte incapaz de cumplir con tus obligaciones de deuda, llevando a incumplimientos, bancarrota o ejecución hipotecaria.

Impacto en el puntaje crediticio y préstamos futuros: la deuda es uno de los factores que más afectan tu puntaje crediticio. Un puntaje crediticio más bajo puede llevar a dificultades para obtener préstamos ante eventos importantes de la vida, como comprar una casa. Además, puede resultar en tasas de interés más altas en futuros préstamos, exacerbando aún más la tensión financiera.

La deuda como barrera para la independencia financiera: la independencia financiera es tener control sobre tu tiempo y elecciones. La deuda de consumo erosiona dicho control. Te obliga a asignar porciones significativas de tus ganancias futuras para pagar gastos pasados, limitando tu capacidad de tomar decisiones que se alineen con valores y aspiraciones. La libertad de elegir tu trabajo, tomar riesgos y pasar el tiempo como desees, se ve enormemente disminuida cuando estás en deuda con los acreedores.

Costos mentales y emocionales: la deuda puede crear un estrés psicológico y emocional significativo. El costo de la deuda no es solo financiero; también es emocional y psicológico. El estrés de manejar una deuda creciente puede ser abrumador, impactando la salud mental y las relaciones personales. Así como la productividad de una empresa puede sufrir bajo estrés financiero, también puede sufrir el desempeño y la calidad de vida de una persona.

Técnicas de eliminación de deudas

El método de la bola de nieve es una estrategia popular de reducción de deudas, para abordar las tarjetas de crédito. Implica pagar las deudas en orden de menor a mayor, independientemente de la tasa de interés. Así es como funciona:

Lista todas las deudas: primero, enumera todas las deudas de tarjetas de crédito, desde el saldo más pequeño al más grande. Es importante entender que la lista no considera las tasas de interés. Enfócate en pagar lo máximo posible en el saldo más pequeño de la tarjeta de crédito.

Pagos mínimos en todas las deudas: continúa haciendo pagos mínimos en todas tus tarjetas de crédito, para evitar penalizaciones y cargos adicionales.

Pagos extra en la deuda más pequeña: dirige cualquier fondo extra o dinero que obtengas hacia la deuda más pequeña.

Transfiere los pagos: una vez que se pague la deuda más pequeña, usa el dinero que estabas pagando en esa deuda para añadirlo al pago mínimo de la siguiente deuda más pequeña.

Repite el proceso: continúa este proceso, aplicando la cantidad transferida a la siguiente deuda más pequeña, y así sucesivamente, hasta que todas las deudas estén pagadas.

Ventajas del método de la bola de nieve

Beneficios psicológicos: pagar primero las deudas más pequeñas puede proporcionar victorias rápidas y una sensación de logro.

Gestión de deudas simplificada: al enfocarte en una deuda a la vez, el proceso se vuelve menos abrumador.

Ten en cuenta, además, las siguientes consideraciones adicionales:

Evaluación del presupuesto: analiza tu presupuesto para identificar áreas donde puedas recortar gastos y reducir más tus deudas.

Cuenta de ahorros: antes de comenzar, asegúrate de tener una pequeña cuenta de ahorros, idealmente un mes de presupuesto para evitar nuevas deudas por gastos inesperados.

Automatiza los pagos: hazlo así con los pagos mínimos, para asegurarte de nunca perderlos.

Evita nuevas deudas: ¡no, no, no! No abras nuevas tarjetas de crédito mientras estés pagando los saldos existentes.

¿Cómo configurar la eliminación de deudas? *Prepara una tabla.*

En la primera columna, escribe el nombre(s) del(los) acreedor(es).

En la segunda, escribe el monto total de cada deuda.

En la tercera, el pago mínimo por acreedor.

Haz una lista de tus saldos de tarjetas de crédito, ordenados de menor a mayor saldo.

Concéntrate en pagar el máximo en la cuenta con el saldo más bajo y el mínimo en las demás.

Después de pagar la primera cuenta, suma el pago de la primera cuenta al pago de la segunda y continúa pagando el mínimo en las demás.

Importante: ningún presupuesto, ahorro o recorte de gastos te liberará de deudas tan rápidamente como un flujo adicional de ingresos. Recuerda siempre que resultará más fácil generar $15.000 extra que ahorrar $15.000 extra con tu ingreso actual.

Sin duda, la mejor estrategia es que:

1. Te enfoques en aumentar tus ingresos: explora trabajos secundarios, casuales y emprendimientos paralelos. Sé que no suena nada alentador, y lo más probable es que no lo quieras hacer, pero imagina lo tranquilo y

alegre que estarás, una vez que salgas de las deudas.

2. Aplica el método de la bola de nieve a tus deudas.

Paso 6 Planificar tu jubilación

Comienza a contribuir a una cuenta de jubilación, como un 401(k) o una IRA (Individual Retirement Account). Invertir en un plan 401(k) es una de las decisiones financieras más prudentes que puedes tomar, especialmente pensando en el largo plazo y en tu jubilación. En un panorama económico que cambia rápidamente, donde el futuro de la seguridad social es incierto y el costo de vida sigue aumentando, tomar medidas proactivas para asegurar el futuro financiero es más importante que nunca.

8 razones para contribuir a una cuenta de jubilación:

Ventajas fiscales: las contribuciones a un 401(k) tradicional se hacen con dólares antes de impuestos, reduciendo tu ingreso imponible.

Contribución del empleador: muchos empleadores ofrecen una contribución equivalente, ¡es dinero gratis!

Crecimiento compuesto: cuanto antes y más consistentemente contribuyas, más te beneficiarás del crecimiento compuesto.

Ahorro automático: las contribuciones se hacen generalmente a través de deducciones de nómina, automatizando el proceso de ahorro.

Opciones de inversión: los planes 401(k) suelen ofrecer una variedad de opciones de inversión.

Portabilidad: puedes transferir tu 401(k) a otro plan o a una IRA, si cambias de trabajo.

Preguntas clave para tu departamento de recursos humanos:

¿Qué tipo de plan 401(k) se ofrece: tradicional, Roth o ambos?

¿Hay una contribución equivalente del empleador? Si es así, ¿cuál es la fórmula?

¿Cuáles son los límites máximos de contribución para el año?

¿Qué opciones de inversión están disponibles dentro del plan?

¿Qué tarifas están asociadas con el plan 401(k)?

¿Cuáles son las reglas con respecto a préstamos o retiros anticipados?

¿Hay una función de inscripción automática?

¿Se permiten contribuciones de "catch-up" para empleados mayores de 50 años?

¿El plan ofrece acceso a asesores financieros o herramientas de planificación?

Recuerda, puede parecer intimidante y abrumador, pero ¿sabes qué lo es aún más? La posibilidad de llegar a la jubilación sin fondos suficientes. ¡Empieza a planificar hoy para un mañana más seguro!

¿Por qué abrir una cuenta IRA es una excelente decisión financiera?

Ventajas fiscales:

IRA Tradicional: contribuciones a menudo deducibles de impuestos, crecimiento con impuestos diferidos.

IRA Roth: contribuciones con dinero después de impuestos, retiros libres de impuestos en la jubilación.

En resumen, abrir una IRA es una decisión sabia en el camino de maximizar tus ahorros para la jubilación, disfrutar de beneficios fiscales y ganar flexibilidad y control sobre tus opciones de inversión. Ya sea que elijas una IRA Tradicional o Roth, la clave es comenzar temprano, contribuir regularmente y aprovechar el crecimiento compuesto, los beneficios fiscales y las opciones de inversión que ofrecen estas cuentas.

Si no vives en Estados Unidos, consulta con un asesor financiero de tu país. Estoy seguro de que existen planes para la jubilación, con beneficios similares.

¡Tu futuro te lo agradecerá!

Mi sugerencia, como parte de tu estrategia financiera, es que te asesores con un experto que hoy pueda ayudarte a planificar la jubilación.

Paso 7

Empezar a ahorrar

"El error más grande es no desarrollar el hábito de ahorrar correctamente".

Warren Buffett

"Si ahorrar es tu prioridad número 1, entonces el éxito financiero está en tu futuro".

"Puedes construir riqueza sin un alto ingreso, pero no tienes ninguna posibilidad de construir riqueza sin una alta tasa de ahorro; está claro cuál importa más".

Morgan Housel

"Un hombre que gasta y ahorra dinero es el hombre más feliz, porque tiene ambos disfrutes".

Samuel Johnson

Bill Gates es conocido por afirmar la importancia y el poder de tener al menos un año de gastos en una cuenta de reserva en efectivo para Microsoft. ¿Por qué es importante ahorrar?

En términos muy simples, ahorrar significa más oportunidades y más opciones. Una palabra de precaución: uno de los peores consejos que dan algunos gurús financieros en redes sociales es decir que "el efectivo es basura" (en inglés "cash is trash"). O que tener efectivo es malo, que deberías invertir todo el dinero.

Bueno, a ver qué piensa la persona que acaba de perder su trabajo, no puede pagar el alquiler o cuyo coche está siendo embargado porque durante años gastó todo su dinero y vivió de cheque en cheque.

A ver qué piensa la persona que ve una gran oportunidad para hacer crecer su negocio, pero, como no tiene suficiente dinero ahorrado, no puede aprovechar la oportunidad.

O la persona que ve el mercado de valores y el mercado inmobiliario colapsar, y no puede comprar nada con un gran descuento, porque no tiene los ahorros adecuados.

A ver qué piensan los miles de dueños que tuvieron que cerrar sus negocios durante el COVID, solo para descubrir ocho meses después que la economía entraría en un ciclo de auge.

O la persona que no puede dar un merecido regalo a su cónyuge, hijo o hija, porque no hay dinero en la cuenta de ahorros.

Grandes beneficios de contar con ahorros

Te prepara para estar en el lugar correcto en el momento correcto: el efectivo aumenta esta oportunidad, para aprovechar una inversión o transacción comercial. Además, evita vender inversiones en mal momento por falta de liquidez.

Seguridad financiera: te protege contra emergencias y pérdidas de ingresos inesperadas.

Paz mental: reduce el estrés financiero y te da tranquilidad.

Independencia: te da más control sobre tus decisiones financieras y de vida y te permite actuar cuando otros no pueden, pagar en efectivo para obtener descuentos en compras grandes y cerrar tratos rápidamente, sin depender de financiación bancaria.

Uno de tus mayores activos como emprendedor es la flexibilidad para actuar o no en cualquier momento. Esto solo se logra con la cantidad adecuada de dinero ahorrado.

Mejor concentración: elimina preocupaciones financieras para enfocarte en crecer tu negocio. Disfruta de tranquilidad, paz y seguridad incomparables. Mejora tu comportamiento y actitud en la vida diaria. Y, sobre todos lo beneficios anteriores, un retorno emocional invaluable.

¿Cuál es el retorno de inversión en...?

- No tener que vender una inversión con descuento porque puedes esperar a que suba su valor.

- No entrar en pánico cuando el mercado se desploma.

- No tener que aceptar un trabajo que no te gusta.

- Tener la capacidad de esperar a que el negocio despegue.

- Poder seguir pagando marketing cuando tus competidores desaparecen por falta de fondos.

- Poder invertir en equipo o personal cuando tus competidores no pueden durante una recesión económica.

Recuerda: tener una cuenta de ahorros con hasta dos años de reservas es una de las mejores inversiones que puedes hacer. No solo te protege, sino que te empodera para crecer y aprovechar oportunidades.

¡Empieza a ahorrar hoy, para un mañana más seguro y próspero!

Acción: comienza hoy a construir tu fondo de grandes oportunidades. Establece metas ambiciosas y trabaja constantemente hacia ellas.

Cada dólar ahorrado es un paso hacia una vida financiera más segura y llena de oportunidades extraordinarias.

¿Qué oportunidades crees que podrías aprovechar con un colchón financiero más robusto?

_____

_____

_____

_____

_____

_____

_____

La mejor manera de ahorrar es automatizar el proceso. Te lo explico a continuación.

Pasos para un ahorro efectivo:

- Configura un débito automático de tu cuenta corriente a una cuenta de ahorros con poco acceso, preferiblemente en otro banco.

- Comienza con poco, pero con frecuencia. No se trata de cuánto ahorras al principio, sino de la constancia.

- Aumenta gradualmente el porcentaje de ahorro: de 1% a 5%, 10%, 20%, 50% y hasta 60% de tus ingresos mensuales.

- Empieza con $50 a la semana. Ahorrar semanalmente te hará más consciente y verás progreso más rápido.

- Ajusta tus ahorros, según tus etapas de vida e ingresos. A medida que los ingresos crezcan, podrás ahorrar porcentajes más altos.

---

*"Personalmente, tiendo a preocuparme por lo que ahorro, **no por lo que gasto**".*

Paul Clitheroe

Consejo clave: Enfócate en lo que ahorras, no en lo que gastas. Si ahorras más del 50% de tus ingresos mensuales, permítete disfrutar del resto sin culpa.

"Puedes construir riqueza sin altos ingresos, pero no tienes oportunidad de construir riqueza **sin una alta tasa de ahorro".**

Morgan Housel

———————————————

Ideas a modo de resumen:

- Es difícil ahorrar, pero es más difícil vivir sin dinero.

- El ahorro crea oportunidades que de otra manera no tendrías.

- Los ahorros te permiten esperar a que tu negocio o inversión crezca.

- El ahorro te permite buscar mayores rendimientos porque puedes tolerar más riesgo.

- Ahorrar te da capacidad de negociación.

- El ahorro proporciona un retorno emocional inmensurable.

- Ahorrar se trata de crear nuevos hábitos, especialmente al principio.

- Tener de 12-24 meses de reservas te ayuda a tomar mejores decisiones.

- No necesitas una razón específica para ahorrar; se te presentarán oportunidades que ni siquiera puedes imaginar hoy.

- El efectivo sigue siendo el rey: tenerlo te permite aprovechar oportunidades.

- Abraza la idea de grandes ahorros para poder tomar grandes riesgos y crecer exponencialmente.

Paso 8 Monitorear y revisar tus finanzas regularmente

Monitorear y revisar tus finanzas regularmente es crucial para mantener una salud financiera óptima. Aquí están mis seis razones principales por las que necesitas monitorear tus finanzas de manera regular:

Salud financiera: detecta problemas financieros temprano, como gastos excesivos o ahorro insuficiente.

Establecimiento y ajuste de metas: rastrea el progreso hacia tus metas financieras, a corto y largo plazo. Ajusta tus contribuciones de ahorro e inversión según sea necesario.

Detección de fraude y seguridad: identifica rápidamente actividades sospechosas en tus cuentas. Configura alertas para compras con tarjeta de crédito y saldos bajos en cuentas bancarias.

Preparación para fluctuaciones económicas: Entiende y prepárate para tendencias económicas como inflación o cambios en tasas de interés.

Paz mental (para mí, lo mas importante): reduce el estrés y la ansiedad relacionados con asuntos financieros. Obtén un sentido de seguridad al manejar activamente tu futuro financiero.

Autoevaluación

Califícate en una escala del 1 al 10:

¿Con qué frecuencia revisas tus finanzas (ingresos, gastos, deudas, ahorros e inversiones)?

○○○○○○○○○○

¿Tienes metas financieras claras?

○○○○○○○○○○

¿Con qué frecuencia revisas tus metas (yo lo hago diariamente)?

○○○○○○○○○○

¿Tienes configuradas alertas de compra para tus tarjetas de crédito?

○○○○○○○○○○

¿Tienes alertas de saldo bajo para tus cuentas bancarias?

○○○○○○○○○

¿Utilizas software de protección contra robo de identidad?

○○○○○○○○○

¿Con qué frecuencia ajustas tu presupuesto?

○○○○○○○○○

Acción: basándote en tus respuestas, identifica áreas de mejora y establece un plan para monitorear tus finanzas más efectivamente.

Recuerda: el monitoreo regular es clave para tu éxito financiero.

¿En qué área crees que necesitas mejorar más?

_____

_____

¿Qué acción concreta tomarás esta semana para mejorar tu monitoreo financiero?

_____

_____

Paso 9 Edúcate sobre finanzas personales

Educarte sobre finanzas personales es un paso vital para mejorar la gestión de tu dinero. Implica entender varios conceptos financieros, herramientas y estrategias que pueden ayudarte a tomar decisiones informadas sobre ganar, ahorrar, invertir y disfrutar.

Aquí tienes seis actividades clave que puedes hacer para educarte sobre las finanzas personales:

- Lee libros y publicaciones financieras.

- Toma cursos y webinars como los nuestros.

- Escucha podcasts y mira programas financieros.

- Experimenta con apps de presupuesto e inversión.

- Usa calculadoras en línea para pagos de préstamos, ahorros para la jubilación o retornos de inversión.

- Programa una consulta mensual con tu contador. *(Uno de los mejores hábitos que puedes desarrollar hacer una reunión mensual con tu contador)*

Educarte sobre finanzas personales es un proceso continuo. Requiere curiosidad, dedicación y voluntad de aplicar los principios aprendidos a tu vida financiera.

Autoevaluación

Califícate en una escala del 1 al 10:

¿Lees libros y publicaciones financieras?

○○○○○○○○○○

¿Cuántos cursos has tomado en los últimos 12 meses?

○○○○○○○○○○

¿Escuchas podcasts y miras programas financieros?

○○○○○○○○○○

¿Usas apps de presupuesto e inversión?

○○○○○○○○○○

¿Usas calculadoras en línea para entender las implicaciones financieras de tus decisiones?

○○○○○○○○○○

¿Programas consultas mensuales con tu contador?

○○○○○○○○○○

¿Parece mucho? ¿Qué tantas ganas tienes de crear riqueza y prosperidad para ti, la familia y el entorno?

○○○○○○○○○○

Todo tiene un precio. ¿Estás dispuesto a pagarlo? Aprende a disfrutar del proceso. Cuanto más aprendas, más lo disfrutarás.

Acción: elige una área de tu autoevaluación donde obtuviste bajo puntaje y comprométete a mejorarla este mes. Por ejemplo, si no lees libros financieros, proponte hacerlo.

¿Qué área elegirás mejorar primero? ¿Qué acción específica tomarás para lograrlo?

Paso10 Protege tu riqueza

En la vida, las incertidumbres son la única certeza. Entre estas, las preocupaciones sobre la salud y el bienestar de los seres queridos, a menudo tienen prioridad.

Un seguro de salud es importante porque:

- Protege contra costos médicos exorbitantes.

- Evita la bancarrota por gastos médicos.

- Hace accesible la atención médica necesaria.

El seguro de vida es también muy importante porque:

- Reemplaza ingresos perdidos para dependientes.

- Cubre gastos funerarios y deudas.

- Juega un papel crucial en la planificación patrimonial.

- Esencial para la continuidad del negocio.

Los seguros de salud y vida no son meros productos financieros, sino componentes fundamentales de un plan financiero integral.

Aunque este no es un libro dedicado a explicar cada tipo de seguro, te animo a que agendes una reunión con un experto en el tema. Es fundamental contar con los seguros necesarios para protegerte a ti y a tu familia. No dejes esta importante tarea para después; tu tranquilidad y bienestar merecen la mejor atención.

Paso 11

Practicar el gasto intencional

Como dice
Naval Ravikant:

"Las personas que viven muy por debajo de sus ingresos, *disfrutan de una libertad que las personas ocupadas actualizando sus estilos de vida, no pueden comprender".*

Beneficios de vivir muy por debajo de tus ingresos:

- Acumulación de ahorros.

- Reducción del estrés financiero.

- Mayor libertad para tomar decisiones de vida.

Vivir por muy debajo de tus ingresos es más que una estrategia financiera; es una filosofía de vida que da prioridad a la libertad, la paz mental y la realización personal. En ningún momento quiero decir que no debes consumir. A lo que me refiero es que consumas muy por debajo del nivel de tus ingresos.

CAPÍTULO 8

LAS 4-M
DEL DINERO:

CÓMO MULTIPLICAR LOS INGRESOS

Quiero que te des cuenta que nada en este libro es "statu quo", por lo que siempre desafiará tu forma de pensar. El camino hacia la prosperidad financiera no se basa únicamente en los ingresos actuales, sino en tu habilidad para multiplicarlos. Imagina cada dólar como una semilla con potencial de crecimiento exponencial. La clave está en cultivarlas de manera inteligente.

"La verdadera abundancia y prosperidad financiera no se encuentra generando ingresos, *sino multiplicándolos*".

Orlando Montiel

Rompiendo el paradigma:

Es común creer que la única forma de ganar dinero es trabajando arduamente cada día. Si bien el esfuerzo es necesario, la clave está en dirigirlo hacia la construcción de activos que generen ingresos para ti. Cambia tu enfoque: en lugar de trabajar solo por dinero, crea fuentes de ingresos que trabajen para ti.

Recuerda: el verdadero éxito financiero no se mide por cuánto trabajas, sino por cuán eficientemente haces que tu dinero trabaje para ti.

Generación versus multiplicación:

La gran mayoría de la población enfoca sus esfuerzos, estudios y conversaciones en cómo generar más ingresos, y rara vez en cómo multiplicarlos, una vez generados. No se dan cuenta de que generarlos es solo el comienzo —y muy limitado—, ya que crear ingresos a través del trabajo tiene un límite de tiempo, conocimiento y habilidades. En otras palabras, "no inviertes cuando eres rico... Te haces rico porque inviertes".

El ahorro:

El mito del ahorro y el poder de la inversión.

Consideremos un ejemplo. Imagina que ganas $100.000 al año y ahorras el 20%. En 10 años, acumularías $200.000. Parece impresionante, pero hay un factor crucial que debemos considerar: la inflación.

Se trata del ladrón silencioso de tus ahorros. Con una inflación anual del 3%, el poder adquisitivo de tus $200.000 se erosiona significativamente con el tiempo. Es como si tu dinero se encogiera lentamente en la cuenta bancaria.

La inversión, por tanto, es un antídoto contra la inflación. Para combatir la inflación y multiplicar tu patrimonio, la inversión es esencial. Aunque conlleva ciertos riesgos, ofrece recompensas potencialmente mayores.

No tienes que hacerlo solo:

Es importante destacar que no tienes que hacerlo solo. Para esto existen los asesores financieros, mentores y grupos especializados, que pueden exponerte a distintas formas de multiplicar los ingresos. Comenzando por tu banquero, luego asesores financieros y expertos en temas de inversión específica.

Busca orientación de mentores financieros experimentados, únete a comunidades de inversores para compartir conocimientos, aprende de las experiencias de otros inversores y adopta un enfoque de inversión gradual y consistente.

Recuerda: la educación financiera, la paciencia y una estrategia bien planificada, son elementos clave para construir un futuro financiero sólido. Cada paso que das hoy, es una inversión en tu prosperidad futura.

Invertir no es simplemente decidir dónde colocar tu dinero; es embarcarse en un viaje de desarrollo personal y financiero. Este camino hacia el éxito se fundamenta en dos pilares esenciales:

Construye una red de conocimiento:

Rodéate de personas expertas en finanzas e inversiones. Su experiencia y perspectivas pueden iluminar tu camino y ayudarte a evitar errores comunes.

Cultiva tu educación financiera:

Adquiere conocimientos sólidos sobre mercados, instrumentos financieros y estrategias de inversión. La información es poder en el mundo de las finanzas.

Las formas más comunes de multiplicar tus ingresos:

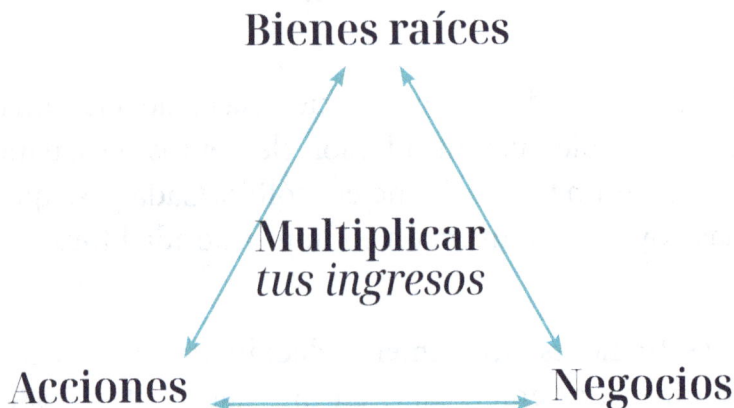

Bienes raíces

Multiplicar
tus ingresos

Acciones   Negocios

Con la asesoría y conocimientos correctos, parte de tus ingresos deben ser invertidos en instrumentos financieros, tales como acciones de compañías públicas, propiedades inmobiliarias y negocios.

La construcción de riqueza y prosperidad se puede lograr a través de dos vías principales: los negocios y las inversiones. Cada una ofrece oportunidades únicas para multiplicar tu patrimonio.

Negocios:

- Crea un sistema que funcione de manera autónoma.

- Aprovecha la automatización y la delegación.

Ejemplo: una tienda en línea que genera ingresos constantemente.

Inversiones:

- **Opciones diversas:** acciones, bienes raíces, entre otras

Las acciones pueden proporcionar dividendos y los bienes raíces generan ingresos a través de rentas.

En ambos casos debemos tener en cuenta algunos requerimientos importantes. Los negocios requieren mayor inversión de tiempo inicial y un potencial de ingresos significativos a largo plazo. Mientras, las inversiones necesitan capital inicial y son, generalmente, más fáciles de gestionar.

Recomendación clave: antes de invertir en

productos financieros, invierte en tu educación. Conviértete en un experto en los instrumentos que te interesan.

Recuerda: el conocimiento y la convicción son fundamentales. Desarrolla las habilidades necesarias para multiplicar tu dinero de manera efectiva.

Reflexión final:

El ahorro, aunque importante, no es suficiente para crear verdadera riqueza y prosperidad. La clave está en combinar el "ahorro bueno" con inversiones estratégicas y el desarrollo de habilidades financieras sólidas.

¿Estás listo para desarrollar las competencias que te llevarán a la riqueza y la prosperidad?

"Cuanto más trabaje tu dinero para ti, menos tendrás que trabajar tú por el dinero".

Idowu Koyenikan

Tu dinero, el mejor empleado que podrás tener:

El dinero bien invertido se convierte en un activo incomparable, trabajando incansablemente para aumentar tu patrimonio. He aquí por qué tu dinero es un empleado excepcional:

Trabaja sin descanso:

Activo las 24 horas, los 7 días de la semana. Genera ganancias incluso mientras duermes o estás de vacaciones.

Fiabilidad absoluta:

No se enferma ni pide días libres. Siempre está listo para generar rendimientos.

Crecimiento exponencial:

Se beneficia del interés compuesto. Einstein lo denominó "la octava maravilla del mundo".

Genera ingresos pasivos:

A través de acciones, bonos y bienes raíces. Crea un flujo constante de ingresos sin esfuerzo diario.

Potencial de escalabilidad:

Puede crecer exponencialmente. No está limitado por horas de trabajo, como el esfuerzo humano.

Camino hacia la libertad financiera:

Con el tiempo, puede cubrir tus gastos. Reduce la necesidad de trabajar por obligación.

Enfoque

Enfócate en crear activos que generen ingresos, no solo en ganar un salario. Enfócate en desarrollar la habilidad de crear activos en paralelo, que generen ingresos, sin la necesidad de tener que trabajarlos constantemente.

Recuerda que tan importante como generar ingresos es enfocarte en multiplicarlos, para que no tengas que trabajar para generarlos. Es tener muy presente —y estar muy pendiente— de buscar formas que no dependan directamente de tu tiempo.

Como dijo
Warren Buffett:

"Si no encuentras una forma de ganar dinero mientras duermes, *trabajarás hasta morir*".

Enfócate en crear activos que generen ingresos, no solo en ganar un salario.

Ingresos pasivos:

Imagino que has escuchado, en repetidas oportunidades, la palabra o frase ingresos pasivos. Este es el momento del libro en el que la definimos: es el ingreso que sigues generando, una vez que se haya realizado el trabajo.

En otras palabras, cuando haces una inversión en acciones que pagan dividendos, el trabajo fue realizado una vez, pero los dividendos se pagan constantemente, cada trimestre. Otro ejemplo muy común es la inversión en una propiedad inmobiliaria.

Haces el trabajo de comprar la propiedad una sola vez, y mensualmente te pagan tus inquilinos. Muchos dueños de negocio, después de haber trabajado por muchos años, se retiran y siguen generando ingresos del mismo.

Proceso

Esto no sucede de la noche a la mañana. Por lo general, al principio trabajarás mucho para desarrollar el conocimiento, en comparación con el resultado que verás. Luego trabajarás poco y generarás mucho. Ejemplo: cuando inviertes en una propiedad, al principio trabajas mucho para conseguirla, colocar la oferta, cerrar y ponerla al día para rentarla. Luego, trabajas muy poco y colectas la renta.

Cuando inviertes en el mercado de capitales, al principio comienzas con muy poco. Trabajas mucho activamente para invertir, y luego muy poco y recibes ingresos. En un negocio, sucede exactamente igual: al principio trabajas mucho, sin ver el resultado económico. Luego, si es exitoso, trabajas muy poco y ves grandes resultados.

La asesoría es clave

No pretendo que este libro sea una fuente de asesoría en inversión. Es un tema con muchísima profundidad, que debe ser planteado a la medida de cada persona. Por eso, te sugiero que, antes de invertir en cualquier instrumento financiero, bien sea un negocio, acciones en la bolsa de valores o propiedades inmobiliarias, entre otros, consultes con el experto en ese tema.

Mi función con el libro, y específicamente en esta parte, es exponerte la importancia de enfocarte en no solo generar más ingresos, sino en multiplicarlos como parte fundamental del desarrollo y crecimiento financiero.

Reflexión clave:

¿Estás trabajando solo para generar ingresos o para crear activos que generen ingresos para ti?

Recuerda: la verdadera riqueza se alcanza cuando tus activos trabajan para ti, no cuando tú trabajas por cada centavo.

Tu misión esta semana:

- Identifica una forma de generar ingresos mientras duermes. Puede ser algo pequeño para empezar, como una cuenta de ahorros de alto rendimiento o una inversión en un fondo indexado.

- Combina fuentes activas y pasivas para crear un flujo constante y creciente de ingresos. Así estarás construyendo un futuro financiero sólido y próspero.

- Conversa con tu familia o personas más cercanas y trae el tema de cómo se pueden crear nuevas formas de crear activos que generen ingresos para ti sin tener que trabajar constantemente para generar dichos ingresos.

Autoevaluación de tu situación financiera:

Reflexiona sobre tu relación con los ingresos residuales:

Frecuencia con la que has escuchado el término "ingresos residuales": _____

Número de fuentes de ingresos residuales que posees: _____

Porcentaje de tu presupuesto cubierto por ingresos residuales: _____

Porcentaje de tus ingresos totales que son residuales: _____

Desarrollando una mentalidad de riqueza y prosperidad

Para mejorar tu situación financiera a través de ingresos pasivos/residuales, es fundamental dominar estos siete factores claves:

1. Superar barreras psicológicas:

Muchas veces, por la ingenuidad y falta de conocimiento, las personas no creen posible generar ingresos constantes sin tener que trabajar. Te invito a abrir tu mente, prácticamente todas las personas ricas tenemos distintas fuentes de ingresos pasivos/residuales. Sin ellos, no hubiésemos sido capaces de alcanzar dicha riqueza.

2. Cambiar de perspectiva:

No intercambiar solo tiempo por dinero y comenzar a desarrollar fuentes de negocio o inversión, donde el dinero comience a trabajar para ti.

Te doy un ejemplo básico. Al momento de escribir este libro, los intereses bancarios en cuentas de ahorro llamadas Money Market Accounts, en Estados Unidos, están aproximadamente en un 5%. Tener un millón de dólares en esa cuenta me paga más de $4.000 mensuales. En otras palabras, trabajé mucho y tuve que desarrollar habilidades para poder ahorrar un millón de dólares. Y ahora, en vez de trabajar por el dinero, el dinero trabaja 24 horas al día para mí.

3. Educarte constantemente:

Existen muchas formas de invertir tu dinero para que genere ingresos pasivos. Y, como he repetido en varias oportunidades, la inversión más importante no es el instrumento financiero, sino invertir en ti. Recuerda que no hay buenas ni malas inversiones. Hay buenos y malos inversionistas. Lo bien o mal que salga una inversión, dependerá de tu nivel de educación en el tema.

4. Exponerte a nuevas ideas, formas de hacer negocio e inversiones:

Lee constantemente, realiza nuevos cursos, exponte a personas que están creciendo económicamente, hazles preguntas, trae siempre el tema de la multiplicación-inversión de tus ingresos a círculos donde tengan el mismo interés.

5. Vencer la desconfianza:

Comienza con una pequeña inversión, dedicándole poco tiempo, pero con constancia. A medida que vayas desarrollando la confianza, te sentirás más cómodo en inversiones mucho más grandes.

6. Pasar a la acción:

Recuerda que nada sucede hasta que tomamos acción. Te invito a que comiences hoy, independientemente de lo mucho o poco que tengas para invertir en ti o en un instrumento financiero. De hecho, así tengas mucho dinero para invertir, mi recomendación es que no lo hagas hasta que tengas el conocimiento y tiempo para prestar atención al paso que tomarás. Comienza, así sea de forma muy pequeña, pero comienza hoy, toma acción hoy.

7. Ser persistente y adaptable:

Recuerda que toda inversión conlleva un riesgo. Sin embargo, me atrevo a decir que, después de 25 años en el mundo financiero, más arriesgado es no invertir. Me atrevo incluso a garantizarte que harás inversiones que no saldrán como esperabas. Pero, te invito a persistir, a seguir invirtiendo en ti y en los instrumentos financieros que te ayudarán a multiplicar los ingresos. Es la única forma. No solamente lograrás paz económica, sino también fortaleza financiera y seguridad económica.

Tu misión esta semana:

Identifica una forma de poner tu dinero a trabajar. Considera opciones como invertir en un fondo indexado o explorar oportunidades en bienes raíces.

Recuerda: cada día que pasas sin invertir, es una oportunidad perdida para que tu dinero comience a trabajar en tu beneficio.

¿Estás listo para transformar el dinero en tu empleado más valioso? El momento de actuar es ahora.

Finanzas para *jóvenes*

Construyendo tu futuro financiero

———————

El manejo inteligente del dinero es una habilidad crucial que, si se desarrolla desde joven, puede tener un impacto significativo en el futuro financiero.

Veamos cómo puedes empezar a construir una base sólida para la prosperidad económica:

1. El poder de comenzar temprano

Comenzar a ahorrar e invertir desde joven te ofrece ventajas considerables, como el desarrollo de hábitos financieros saludables, el aprovechamiento del poder del interés compuesto a largo plazo y el aprendizaje sobre la toma de decisiones financieras informadas. Todo ello te convierte en protagonista de tu historia financiera.

2. Toma las riendas de tu futuro económico:

Crea estrategias de inversión y ahorro personalizadas, explora formas de generar ingresos pasivos, aprende a hacer que tu dinero trabaje para ti, no solo tú para el dinero.

Antes de invertir, es crucial entender el funcionamiento del mundo financiero, a través de cursos y seminarios sobre finanzas personales, libros y artículos de expertos reconocidos y información permanente sobre tendencias económicas y de mercado.

Una vez adquiridos los conocimientos básicos:

- Comienza con inversiones modestas.

- Utiliza simuladores de inversión para practicar sin riesgo.

- Diversifica gradualmente tu cartera de inversiones.

- Ten paciencia para ver resultados a largo plazo.

Visualiza tu patrimonio como un jardín financiero. Imagina cada moneda como una semilla con potencial de crecimiento.

Recuerda: la verdadera riqueza no es solo acumular dinero, sino cultivar el conocimiento para hacerlo crecer sabiamente. La paciencia es crucial. Al igual que un árbol no da frutos de inmediato, tus inversiones necesitan tiempo para madurar.

Con dedicación, aprendizaje continuo y una estrategia bien planificada, tu jardín financiero florecerá, proporcionándote frutos abundantes para el futuro. ¡Es momento de sembrar las semillas de tu prosperidad financiera! Es momento de prestar mucha atención —y tomar acción— para multiplicar tus ingresos con la cuarta "M" del dinero.

CAPÍTULO 9

NECESITAR
VERSUS
QUERER

En este capítulo quiero hablarte de dos formas de lograr aquello que anhelas alcanzar en tu vida. Lo puedes hacer desde creencias limitantes y de escasez, o desde creencias de abundancia y prosperidad.

Cuando buscas desde la escasez, hablas de necesitar, y la necesidad implica sentimientos de urgencia, supervivencia, limitación, obligación y estrés.

Por el contrario, cuando buscas desde la abundancia y la prosperidad, hablas de querer. Querer implica aspiración, libertad, motivación, placer y, lo más importante, autenticidad. Implica tu conexión con aquello que realmente puedas querer o desear en las distintas etapas de tu proceso de crecimiento y transformación personal y profesional.

Stuart Mill *en su obra* ***"Sobre la Libertad"***, *nos dice:*

"Los individuos tienen derecho a tomar sus propias decisiones, *incluso si estas parecen equivocadas a los ojos de los demás, siempre que no causen daños a terceros".*

Aristóteles sostenía que la buena vida no era solo satisfacer necesidades básicas, sino desarrollar virtudes y buscar la excelencia en todas las áreas de la vida.

El derecho al disfrute

Quiero que te des permiso para disfrutar y buscar lo que verdaderamente quieres. No solo lo que necesitas, porque cuando te conectes con lo que verdaderamente quieres y sientes, entonces serás realmente feliz. Por ello, uno de mis propósitos con este libro es que entiendas la importancia de tomar decisiones y actuar, no solo en función de lo que necesitas, sino en función de lo que quieres y deseas.

Actuar desde lo que quieres no requiere que debas dar explicaciones o justificaciones de tus razones para querer algo.

Si tienes la necesidad o la obligación de justificar lo que quieres o deseas, es como sostener tu existencia en pilares de escasez: culpa, falta de autenticidad y de honestidad personal.

El principio "querer lo que quieres" se centra en la importancia de que te permitas y pongas el enfoque en emocionarte y valorar lo que quieres, y no en la necesidad creada de justificar ante ti y los otros por qué quieres lo que quieres.

———————————

En palabras de
Dan Sullivan,

"Todo progreso comienza con ser honesto contigo mismo".

———————————

Amar lo que quieres se opone a la necesidad de justificar el porqué. Si bien, querer lo que se quiere es una expresión de honestidad, libertad y responsabilidad personal, la necesidad de justificar es una expresión que pone afuera el control y dirección de nuestras vidas.

"Quiere lo que tú quieres" es un principio del empresario, coach y autor del libro "Wanting What You Want", Dan Sullivan, quien me lo dio a conocer.

Estos son cuatro de los puntos
que Dan presenta en su libro:

"Las personas no consiguen
lo que quieren porque están
demasiado ocupadas buscando
lo que necesitan".

———————————

"La necesidad está motivada
por la seguridad, mientras
que el deseo, el querer, está
motivado por la libertad. Libre
para querer lo que quiero".

———————————

"La necesidad se basa en
la escasez, mientras que el
deseo, el querer, se basa en la
abundancia".

———————————

"La necesidad es reactiva,
mientras que el querer es
creativo".

La necesidad limita tus acciones y desarrollo. El deseo te expande y te invita a desarrollarte cada vez más. Ahora te toca tomar una decisión: seguir viviendo en el mundo de lo que necesitas (escasez) o, a partir de hoy, iniciar la experiencia de vivir en el mundo de lo que quieres y deseas (abundancia).

Por ti, por tu familia, por tu clientes, por tu comunidad, suelta esas creencias limitantes —tuyas o de la familia—, que te alejan del derecho a tomar las decisiones que te acerquen a lo que realmente quieres.

Mi propósito es que comiences a vivir en sintonía con lo que quieres. Te lo mereces; así que comprométete a transformarte en una mejor versión de ti mismo… y toma acción.

Y, quiero cerrar esta parte con una recomendación: acostúmbrate a pedir exactamente lo que quieres, nunca menos, y mucho menos solo lo que necesitas.

Pedir exactamente lo que quieres y dirigirte hacia lo que realmente deseas es una manifestación de honestidad personal, que se corresponde con un esquema de creencias y pensamientos de abundancia, prosperidad y oportunidades.

Pide con la espontaneidad y autenticidad de un niño y actúa con la diligencia de un adulto responsable.

CAPÍTULO 10

CRÉDITO,
LA COMPRA FINANCIADA

El país de los $20: una ilusión financiera peligrosa

Hace años, un plomero que fue trabajar a mi casa me reconoció y me preguntó: "¿es usted el señor que da consejos sobre finanzas en la televisión?". Yo le respondí que sí, y de inmediato me dijo algo muy interesante: "¿Usted sabe que yo digo que este es el país de los $20 al mes? Parece que todo lo podemos comprar por solo $20 al mes; desde el último teléfono hasta tratamientos dentales".

La observación, aunque simple, encierra una profunda verdad sobre los peligros del crédito fácil y las compras a plazos. Te muestro por qué.

La trampa silenciosa de los pagos pequeños crea una ilusión peligrosa:

Falsa sensación de disponibilidad económica: $20 parece poco, pero se acumula rápidamente.

Compromisos a largo plazo: sin considerar el impacto total en las finanzas personales.

Asfixia financiera gradual: poco a poco, estos pagos "pequeños" erosionan tu capacidad económica.

Para romper el ciclo de los $20 y liberarte de esa trampa, es crucial cambiar tu perspectiva financiera.

Evalúa el costo total: no te dejes engañar por las cuotas mensuales. Calcula siempre el precio final.

Analiza el impacto total en tu finanzas: ¿cómo afectará esta compra a tus metas financieras, a largo plazo?

Adopta la mentalidad "ahorra y compra": ahorra el dinero primero, luego adquiere el producto.

Mentalidad de abundancia	VS	Mentalidad de escasez
Ahorra primero		Compra primero
Compra con efectivo		Financia las compras
Planifica a largo plazo		Busca gratificación inmediata
Invierte en el futuro		Se enfoca en el presente

El verdadero significado de "poder comprar"

Tener crédito disponible para comprar, no necesariamente significa que tengas el dinero para obtener el producto en este momento. Antes de cada compra, pregúntate:

- ¿Puedo pagar en efectivo ahora?

- ¿Estoy sacrificando mi paz emocional por un bien material?

El uso inteligente del crédito

El crédito no es malo, pero su mal uso puede ser devastador. Para controlar el crédito y que el crédito no te controle a ti, te invito a utilizar las siguientes reglas:

Límite de crédito: mantén tu crédito total en todas tus tarjetas a un 10% de tu ingreso anual. Por ejemplo, si tus ingresos anuales son de $100.000, tu crédito máximo disponible en todas las tarjetas no debería pasar de $10.000. Aunque los bancos te ofrezcan un límite mayor, no permitas que te suban el limite si sobrepasa el 10% de tus ingresos anuales.

La regla del 40%: inicia tu camino hacia la prosperidad financiera ahorrando al menos el 5% de tus ingresos mensuales. Lo importante es crear el hábito.

Este primer paso es crucial para establecer el hábito del ahorro. Lo fundamental en esta etapa es crear la disciplina del ahorro. A medida que desarrolles las habilidades, los ingresos aumentarán y verás cómo tu capacidad de ahorro también aumentará.

Fíjate una meta ambiciosa, pero alcanzable: llegar a ahorrar el 40% de los ingresos, puede que al principio parezca un sueño lejano. Lo sé, yo también estuve allí. Te entiendo perfectamente; también pensé lo mismo cuando comencé.

Sin embargo, con el tiempo y el desarrollo constante de habilidades profesionales, te sorprenderás al descubrir que este objetivo no solo es posible, sino que se vuelve cada vez más accesible.

Recuerda, el crecimiento de tus habilidades, la expansión de tu red de contactos y la acumulación de activos son los motores que impulsarán tu capacidad de ahorro.

Lo más gratificante del proceso es que, una vez alcanzado el 40% de ahorro, podrás disfrutar del 60% restante de tus ingresos sin ningún tipo de preocupación o remordimiento. Este equilibrio entre ahorro significativo y disfrute consciente es clave para una vida financiera saludable y satisfactoria.

¿Estás listo para alcanzar tu libertad financiera?

Plan de acción

Esta semana, antes de comprar a crédito:

Pregúntate: "¿puedo pagar en efectivo?". Si la respuesta es no, reconsidera la compra o elabora un plan de ahorro.

Reflexión final

¿Cómo cambiaría tu vida financiera si adoptaras la mentalidad de "ahorrar primero, comprar después"?

¿Qué compras recientes habrías reconsiderado con esta nueva perspectiva?

¿Estás listo para romper las cadenas del "país de los $20" y construir una verdadera prosperidad financiera? Pasemos al próximo tema donde explico las mejores estrategias para optimizar el uso de tus tarjetas de crédito.

Estrategias clave para optimizar el uso de tus tarjetas de crédito

Número óptimo de tarjetas:

Lo ideal es tener dos tarjetas de crédito, no más. Una de ellas debería ser la principal, para gastos regulares, donde concentras todas tus compras diarias. La segunda tarjeta úsala como sustituto de la primera, en caso de que no esté disponible por cualquier razón, pérdida, mal funcionamiento o clonación. Así, mantienes un buen control y estás preparado para cualquier imprevisto.

Programa tus pagos:

Automatiza tus pagos mensuales, configurando un pago automático del mínimo requerido por la entidad bancaria que emitió la tarjeta de crédito. Además, te sugiero establecer el hábito de pagar el saldo total semanalmente, en lugar de mensualmente. Esto no solo te ayuda a mantenerte al día, sino que también tiene un efecto psicológico positivo en el proceso de pago. La carga económica parece menor, aunque es la misma.

Límite de crédito:

Es fundamental que tu límite de crédito total no supere el 10% de tu ingreso anual. Esta regla te ayudará a mantener tus finanzas en orden y evitar problemas de sobre-endeudamiento. Por ejemplo, si tus ingresos anuales son de $75.000, el crédito total en todas tus tarjetas no debería sobrepasar los $7.500. Es decir, que si tienes dos tarjetas de crédito podrías disponer de $4.000 en una y $3.500 en la otra.

Implementación de alertas de compra:

Configura alertas de compra en tus tarjetas. Casi todas ofrecen este servicio, que te enviará un mensaje de texto cada vez que realices una compra. Esto es especialmente útil para detectar rápidamente transacciones no autorizadas.

Revisión periódica de estados de cuenta:

Establece un día fijo al mes para revisar detalladamente tus estados de cuenta. Esto te permitirá identificar patrones de gasto y asegurarte de que todo esté en orden.

Precauciones con adelantos de efectivo:

Evita los adelantos de efectivo, debido a las altas tasas de interés y comisiones que suelen aplicarse. Es mejor buscar otras alternativas si necesitas dinero rápido.

Uso responsable del límite:

No utilices más del 30% del límite en cada tarjeta. Superar este porcentaje puede afectar negativamente tu puntaje crediticio, así que es crucial mantenerte dentro de estos límites.

Consideraciones especiales para adolescentes:

Si tienes hijos adolescentes y deseas darles una tarjeta adicional, establece límites y reglas claras desde el principio. Enfatiza la importancia de la educación financiera y considera configurar alertas para ellos también.

Por ejemplo, en mi caso, mis hijos tienen extensiones de mi tarjeta con un límite preestablecido. Cada vez que alcanzan su límite, tenemos una conversación al respecto. Esto me permite usar la tarjeta como una herramienta educativa.

Confío que estas estrategias te serán útiles y te ayudarán a manejar tus tarjetas de crédito con más confianza y eficacia.

Acción: configurar alertas de compra en tus tarjetas y verificar que tus límites de crédito se ajusten a la regla del 10%.

Estrategias de control financiero personal

¿Has configurado alertas en tus tarjetas de crédito?

- Nombre de la *Tarjeta 1*

_____

- Nombre de la *Tarjeta 2*

_____

- Nombre de la *Tarjeta 3*

  _____

- Nombre de la *Tarjeta 4*

  _____

- Nombre de la *Tarjeta 5*

  _____

CAPÍTULO 11

JUEGOS FINANCIEROS, JUEGOS DEL DINERO

Existe mucha información en el área de la educación financiera personal. En este libro, te propongo pasos claros y prácticos para que los apliques. *Al incluir ejercicios apropiados para cada edad, intento ir más allá de la educación financiera tradicional.*

Hemos venido haciendo ejercicios, y ahora es el momento de incorporar ciertos juegos. Estos están diseñados para integrarlos fácilmente a tu vida diaria y aplicar, en tiempo real, lo que aprendiste. Si ya eres padre, los ejercicios te proporcionan un marco para enseñar y discutir conceptos financieros con tus hijos, de una manera interactiva y práctica.

Este enfoque es muy beneficioso, porque ayuda a entender temas financieros complejos, haciéndolos más accesibles y comprensibles para todos los miembros de la familia.

Por otra parte, existe una curva de aprendizaje, pero también una de olvido para todo lo que aprendemos. Los juegos hacen que la experiencia de aprendizaje sea más divertida, y también que la enseñanza sea más efectiva. Una deficiencia significativa en muchos recursos de educación financiera es la falta de incorporación de juegos interactivos de la vida real.

Las situaciones de la vida real en la educación

financiera permiten una visión y una comprensión más profunda del tema dinero.

Conversaciones sobre este tema, tan apasionantes como necesarias, son esenciales para desarrollar una mentalidad financiera saludable entre los miembros de la familia, incluidos los más pequeñitos.

Los juegos pueden revolucionar la forma en que abordas la educación financiera en tu núcleo familiar, incluso en tu entorno profesional y social. Estos juegos convierten el aprendizaje en una actividad dinámica y atractiva, en lugar de una tarea tediosa o abrumadora.

Al aprovechar el potencial del aprendizaje a través del juego, la educación financiera puede convertirse en una experiencia más efectiva, agradable e impactante.

He estado escribiendo sobre el dinero durante los últimos 18 años. Publiqué mi primer libro "Paz Económica", en enero de 2008. Lancé mi primer curso sobre finanzas personales en 2009. Este libro es un resumen de los pasos que necesitas para evitar los errores financieros que cometí; así como de muchos de los clientes con los que he trabajado durante más de 20 años.

Los ejercicios de este libro están diseñados y adecuados a varios grupos de edad. Esto significa que, a medida que los niños crecen, el libro continúa siendo un recurso relevante y útil. Las actividades para los más pequeños pueden enfocarse en conceptos básicos como ahorrar y ganar; las destinadas a los mayores podrían referirse a temas más complejos como invertir y presupuestar.

Otro aspecto único de este libro es cómo fomenta la colaboración familiar en el aprendizaje financiero. Los ejercicios están concebidos para realizarse en conjunto, promoviendo debates sobre el dinero. Esto no solo fortalece el vínculo entre padres e hijos, sino que también establece una cultura de responsabilidad y transparencia, tanto en el hogar como fuera.

¿Sabías que puedes enseñar a tus hijos sobre el dinero, mientras haces las cosas de todos los días? No solamente es posible, sino que puede llegar a ser super divertido. Aquí te dejo algunas ideas que me han servido mucho:

Juegos financieros para el día a día

Te propongo jugar con tus hijos a adivinar el monto de las facturas:

- De la electricidad en casa.

- Durante la cena en un restaurante (se ha convertido en un hábito super divertido cada vez que salimos a comer).

- En las compras del supermercado.

- Al planificar las vacaciones: ¿cuánto costarán nuestras próximas vacaciones? Por ejemplo, los tickets de avión, el hotel, las excursiones, el transporte o la renta de carro.

- El precio de la casa: por ejemplo, cuando salimos en el carro o pasamos por una casa que nos gusta mucho o está a la venta, les pregunto:¿cuánto creen que vale esa casa tan bonita? Este es un ejercicio que hago con mi esposa, hijo y, sobre todo, con mi hija, que ya es una experta en el costo de las casas en nuestro vecindario.

- Juega a la bolsa: ¿subirá o bajará el precio de las acciones de tu marca preferida? Es posible hacerlo con simuladores o muy poco dinero.

Hay aplicaciones muy populares, que han sido descargadas por más de un millón de personas. Entre ellas:

Google Play

App Store

Regalos que enseñan
sobre dinero

Alcancías: una forma de crear el hábito del ahorro desde pequeñitos. Que toda la familia se entere. Estoy seguro de que todos querrán fomentar el ahorro en los jóvenes del entorno.

Cuenta de ahorros: es el primer paso hacia la riqueza y la prosperidad, el primer contacto con el mundo bancario. Cada uno de tus hijos debe tener su propia cuenta de ahorro. Debes programar una visita mensual con ellos a la entidad bancaria, para hacer depósitos en sus respectivas cuentas.

Acciones de empresas: enseñarle el significado de las acciones; cómo pueden ser dueño de una porción de una gran empresa como, por ejemplo, Apple. ¿Qué tal ser dueño de un pedacito de Apple, Tesla o Amazon?

El juego del préstamo

Este es uno de los juegos que más me ha ayudado con mis hijos. La mayoría de los niños siempre tiene un dinerito guardado, debajo del colchón o detrás de un cuadro. En mi infancia, yo lo ponía detrás de una mesa, mientras mi hermano lo escondía en un sobre, debajo de una mesa en el cuarto.

Entonces, lo que hago con mis hijos es "pedirles dinero prestado". Yo no utilizo ese dinero, sino que lo guardo en casa. Por ejemplo, mil dólares, y luego les pago un interés del veinte por ciento anual, mensualmente. A partir de ahí, ya no tengo que traer el tema de las finanzas a la casa. Ahora son ellos los que me hablan al respecto. Es increíble ver cómo, cada día primero, mis hijos me recuerdan el pago mensual que debo hacerles.

Este y otros juegos similares nos permite estudiar más el tema del dinero. Desde muy pequeños comienzan a desarrollar la curiosidad, el interés y la habilidad para generar, manejar y multiplicar el dinero. Aprenden el valor de saber cómo hacerlo, para que el dinero trabaje para ellos. Y también, muy importante, tener conciencia de que, para lograrlo, deben aprender a generar ingresos. Esa es la asignatura que estoy preparando para ellos, y para tus hijos también.

Una de las razones por las que este libro es tan sencillo es porque quiero que enseñes a tus hijos todos los principios que contiene. Cualquiera que lo esté leyendo y tenga hijos en quinto grado o más, puede compartir estos principios con ellos, pues son fáciles de entender. Te invito a que dediques tiempo a enseñar a tus hijos cómo funciona el dinero y cómo ser económicamente independientes. Estas lecciones sobre el dinero te ahorrarán a ti y a tus hijos muchos inconvenientes en el futuro.

¡6 juegos super divertidos para aprender sobre dinero!

1 ¡Vamos al banco!

Desde muy pequeño, llevo a mis hijos al banco los sábados, para depositar un porcentaje de mis ingresos semanales. Al principio, hasta lloraban, no querían ir. Poco a poco se fueron acostumbrando, y ahora es parte de nuestra rutina de la mayoría de los sábados y de nuestras conversaciones semanales.

Recuerda que es tu deber, como padre o madre, prepararlos para que generen riqueza y prosperidad para ellos, la familia y el entorno. Si no los enseñas ahora, que cuesta muy poco, tendrán que aprender por sí solos, y a ti y a ellos les costará mucho.

Debes estimular a tus hijos para que adquieran nuevas habilidades. Por ejemplo, me gusta la idea de pagarles por estudiar un nuevo idioma en apps como Mondly. Si es necesario, los estimulo haciendo una pequeña contribución a su cuenta de ahorro.

2 Los domingos de dinero: *una reunión familiar más divertida.*

- Reúnanse como superhéroes financieros.

- Hablen sobre las 4-M del dinero.

- Aprendan juntos sobre temas de estrategias de

ahorro, la importancia de guardar dinero en el banco o conceptos básicos de inversión.

Recuerda, la clave es divertirse mientras se aprende. Con estos juegos, tus hijos se volverán expertos en finanzas, sin darse cuenta. ¡Y lo mejor es que lo harán jugando contigo!

3 ¡Descubre el secreto del dinero *de papá y mamá!*

Las cartas sobre la mesa: en este juego, los padres revelarán el número mágico de sus ingresos.

La danza del cheque: ¡celebrar el día de pago con un baile divertido en familia!

La historia del dinero: escuchar la aventura de cómo los padres ganan dinero, incluyendo anécdotas y experiencias divertidas.

Misiones especiales para pequeños financieros

- **Viaje al banco:** ¡como una excursión a un castillo de tesoros!

- **Aprende otro idioma:** ¡y gana dinero por ser un genio políglota!

- **Lecciones de libros:** lee y comparte tu conocimiento.

- **Domingos de dinero:** una reunión familiar importante y divertida.

Recuerda, cada actividad es un entrenamiento para lograr riqueza y prosperidad. ¡Tienes la oportunidad de aprender a generar más y más ingresos y ayudar a tu familia a tener un futuro brillante, sin angustias económicas! Hay muchas cosas que se escapan de nuestro poder, pero la construcción de un futuro próspero y abundante, es posible, ¡y es tu responsabilidad!

¿Estás listo para aprender y desarrollar habilidades que hagan posible que tú y la familia logren la riqueza y prosperidad que se merecen?

Aprender sobre dinero puede ser tan divertido como tu videojuego favorito. Y lo mejor es que toda la familia puede jugar al mismo tiempo.

PALABRAS FINALES

Voy a terminar este libro ofreciéndote algunos bonos muy especiales que te ayudarán a empezar en el gran viaje de la prosperidad y la abundancia económica. *Asegúrate de tomar ventaja con ellos.*

1. Dos matrículas gratis para uno de nuestros eventos presenciales, valorado en más de $1.400:

Inscríbete ya en este evento. El espacio es limitado y se otorgan los cupos por orden de solicitud.

2. Descuento del 25% para mi curso de finanzas "Cómo hacerte rico a ti y a tu familia".

Si te gustó este libro, el curso cambiará tu vida. Entrenamientos emocionantes y una sesión de coaching de 15 minutos conmigo o uno de mis consultores.

3. Acceso gratis complementario a nuestro newsletter por 12 meses.

Las 4-M del dinero son nuestra brújula financiera. Al comprender y aplicarlas, hemos descubierto las herramientas y mentalidades necesarias para navegar con claridad y confianza por los principios, reglas y conceptos clave de las finanzas personales.

Entender las finanzas personales es como aprender una nueva lengua: el idioma del dinero. Así como dominar una lengua abre nuevos mundos y oportunidades, la educación financiera desbloquea las puertas hacia un futuro lleno de posibilidades.

En este libro hemos abordado los aspectos técnicos y psicológicos de las finanzas personales, reconociendo que el dinero no es solo cuestión de números, sino que está profundamente entrelazado con nuestras emociones, comportamientos e influencias sociales. Al enfrentar y superar las barreras mentales que interfieren con el éxito financiero, ahora estás mejor equipado para abordar la gestión del dinero con una mentalidad saludable y resiliencia frente a los obstáculos comunes.

Un viaje continuo hacia la prosperidad

Recuerda que las finanzas personales son un viaje, no un destino. Este campo está en constante evolución, y nuestras estrategias y enfoques deben avanzar con él. El aprendizaje continuo, la adaptabilidad y la acción proactiva son esenciales para navegar por las incertidumbres de la vida y la economía.

Este libro aspira a ser más que una simple guía para manejar dinero; es una invitación a transformar tu futuro financiero, familiar y profesional. Armado con conocimiento, empoderado con estrategias e inspirado por el potencial de lo que se puede lograr, ahora estás equipado para embarcarte en un camino claro y de éxito financiero.

Recuerda que cada decisión, ahorro e inversión es un paso hacia la realización de tus metas financieras, y más allá. La meta final de las finanzas personales siempre debe ser mejorar tu calidad de vida y las experiencias más allá de lo material, permitiéndote vivir en tus propios términos, cumplir tu potencial y contribuir significativamente al mundo que te rodea.

Así que, para terminar, te invito ya a reunir a la familia y comenzar a enseñarles los principios de este libro.

Espero encontrarte pronto en uno de nuestros cursos y/o eventos. Descubre más aquí:

¡Que tu viaje financiero esté lleno de *aprendizajes, logros y satisfacciones!*

AVISO LEGAL
Límite de responsabilidad:

Advertencia legal

El contenido de este libro es exclusivamente informativo.

Las recomendaciones, principios y estrategias aquí compartidas pueden no ser adecuados para todas las situaciones.

La información contenida en este libro (texto, gráficos y videos) está vigente para el momento de su edición; sin embargo, el autor y la editorial no se hacen responsables por la pérdida de vigencia que pudiera ocurrir, como consecuencia de los cambios acelerados en la economía, las tecnologías y demás sectores que afectan nuestras finanzas.

Igualmente, el autor y la editorial no se hacen responsables por errores, omisiones o interpretaciones contrarias a la materia aquí tratada.

El uso de este libro implica la aceptación de esta cláusula de exención de responsabilidad.

Este libro no pretende ofrecer asesoramiento financiero de ningún tipo. Solo tiene fines educativos y personales.

TODO EMPIEZA CON UNA DECISIÓN:

¡PENSAR EN GRANDE!

¿Y si un simple correo a la semana pudiera cambiar tu vida financiera para siempre?

Suscríbete GRATIS al boletín que ya está ayudando a miles de personas a transformar su economía personal y familiar.

Cada semana recibirás estrategias prácticas, claras y fáciles de aplicar, como:

Cómo generar más ingresos — incluso si hoy estás comenzando desde cero.

Técnicas de ahorro que sí funcionan, sin sentir que te estás privando de vivir.

Cómo invertir aunque tengas poco dinero, y hacerlo con confianza, no con miedo.

Mejora tu crédito paso a paso, sin complicaciones ni confusiones.

Elimina tus deudas, sin sacrificar tu calidad de vida ni tu tranquilidad mental.

Este boletín no es teoría. Es guía real. Es comunidad. Es tu nuevo comienzo.

Únete ahora escaneando el código o visitando:

riquezaenfamilia.com

Porque **"hacerte rico a ti y a tu familia"** no es un sueño lejano.

Es una decisión diaria con la información correcta.